T0194466

essentials

Essentials liefern aktuelles Wissen in konzentrierter Form. Die Essenz dessen, worauf es als „State-of-the-Art" in der gegenwärtigen Fachdiskussion oder in der Praxis ankommt. *Essentials* informieren schnell, unkompliziert und verständlich

- als Einführung in ein aktuelles Thema aus Ihrem Fachgebiet
- als Einstieg in ein für Sie noch unbekanntes Themenfeld
- als Einblick, um zum Thema mitreden zu können

Die Bücher in elektronischer und gedruckter Form bringen das Fachwissen von Springerautor*innen kompakt zur Darstellung. Sie sind besonders für die Nutzung als eBook auf Tablet-PCs, eBook-Readern und Smartphones geeignet. *Essentials* sind Wissensbausteine aus den Wirtschafts-, Sozial- und Geisteswissenschaften, aus Technik und Naturwissenschaften sowie aus Medizin, Psychologie und Gesundheitsberufen. Von renommierten Autor*innen aller Springer-Verlagsmarken.

Heike Köckler · Anne Roll ·
Michael Wessels · Helmut Hildebrandt

Gesundheitskiosk

Konzepte, Erfahrungen und
Perspektiven

🐎 Springer Gabler

Heike Köckler
Hochschule für Gesundheit
Bochum, Deutschland

Anne Roll
Hochschule für Gesundheit
Bochum, Deutschland

Michael Wessels
Hochschule für Gesundheit
Bochum, Deutschland

Helmut Hildebrandt
OptiMedis
Hamburg, Deutschland

ISSN 2197-6708 ISSN 2197-6716 (electronic)
essentials
ISBN 978-3-658-43665-0 ISBN 978-3-658-43666-7 (eBook)
https://doi.org/10.1007/978-3-658-43666-7

Die Deutsche Nationalbibliothek verzeichnet diese Publikation in der Deutschen Nationalbibliografie; detaillierte bibliografische Daten sind im Internet über http://dnb.d-nb.de abrufbar.

Planung/Lektorat: Margit Schlomski
Springer Gabler ist ein Imprint der eingetragenen Gesellschaft Springer Fachmedien Wiesbaden GmbH und ist ein Teil von Springer Nature.
Die Anschrift der Gesellschaft ist: Abraham-Lincoln-Str. 46, 65189 Wiesbaden, Germany

Das Papier dieses Produkts ist recyclebar.

Was Sie in diesem *essential* finden können

- Fundierte Einordnung des Gesundheitskioskes ins Gesundheitssystem sowie seiner Genese
- Einordnung der aktuellen politischen Debatte und des Gesetzgebungsverfahren
- Informationen zur Entwicklung eines Angebotsspektrums
- Überblick über verschiedene Betreibermodelle
- Weiterführende Literatur

Inhaltsverzeichnis

Abkürzungsverzeichnis

BMG	Bundesministerium für Gesundheit
G-BA	Gemeinsamer Bundesausschuss
GKV	Gesetzliche Krankenversicherung
GVSG	Gesundheitsversorgungsstärkungsgesetz
MVZ	Medizinisches Versorgungszentrum
ÖGD	Öffentlicher Gesundheitsdienst
PKV	Private Krankenversicherung
SVRKAiG	Sachverständigenrat für die Konzertierte Aktion im Gesundheitswesen

Ausgangslage

1

Heike Köckler, Helmut Hildebrandt und Michael Wessels

Gesundheitskioske werden in Fachkreisen und den Medien als neue Angebote und Orte im Gesundheitssystem diskutiert. Erste Kioske sind in Hamburg, Essen, Köln, Aachen, Unna und Nord-Thüringen eröffnet. Im Jahr 2022 hat Bundesgesundheitsminister Prof. Dr. Karl Lauterbach 1000 Gesundheitskioske für Deutschland gefordert, seit dem Sommer 2023 liegt ein Gesetzentwurf auf Bundesebene vor. Eine institutionelle Innovation im Gesundheitssystem bahnt sich ihren Weg, die Kommunen eine größere Gestaltungsmöglichkeit im Gesundheitswesen möglich machen kann. Die Diskussionen um die Einführung und Verbreitung der Kioske werden intensiv geführt und sind häufig nur mit tiefen Kenntnissen größerer Zusammenhänge im Gesundheitswesen einzuordnen. Mit diesem Springer *Essential* möchten die Autor*innen einen fachlich ausgewogenen Beitrag liefern, um die Debatte einzuordnen und konstruktiv mitzugestalten. Denn es gibt Bedarfe zur Weiterentwicklung des Gesundheitssystems.

Nicht zuletzt die COVID-19-Pandemie hat gezeigt, dass Deutschland insgesamt über eines der leistungsfähigsten Gesundheitssysteme der Welt verfügt. Dies darf aber nicht darüber hinwegtäuschen, dass es vielfältige Hinweise darauf gibt, dass die Versorgungsstrukturen sowohl in der Gesundheitsförderung, der Prävention, der Kuration, der Rehabilitation, als auch in der Pflege optimiert werden können und auch müssen. Dies gilt insbesondere aus einer Perspektive auf verschiedene Gruppen, die sich nach Alter, Sprachkompetenz oder auch Gesundheitskompetenz unterscheiden (Lampert et al., 2018).

Bereits seit den ersten Kostendämpfungsgesetzen Ende der 1970er Jahre wird intensiv und kontrovers über verschiedenen Reformansätze für eine langfristige Sicherstellung einer ausreichenden Finanzierung des Gesundheitssystems debattiert. Hinzu kommen nicht nur ökonomische, sondern insbesondere

H. Köckler et al., *Gesundheitskiosk*, essentials, https://doi.org/10.1007/978-3-658-43666-7_1

versorgungspolitische Herausforderungen durch eine infolge des demografischen Wandels älter und diverser werdenden Gesellschaft, die Finanzierung und Integration des medizinisch-technischen Fortschritts, sowie die Sicherstellung einer notwendigen und wirtschaftlichen Versorgung. Spätestens seit dem Gutachten des Sachverständigenrates für die Konzertierte Aktion im Gesundheitswesen (SVRKAiG) 2000/2001 ist bekannt, dass durch ein Nebeneinander von Über-, Unter- und Fehlversorgung die Effizienz der gesamten gesundheitlichen Versorgung im bestehenden System optimierbar ist (SVRKAiG, 2000/2001).

Darüber hinaus ist der Zugang zum Gesundheitssystem nicht für alle Menschen gleichwertig vorhanden und daher profitieren auf der individuellen Ebene nicht alle Menschen in gleichem Maße von den Leistungen des Gesundheitssystems. Es lassen sich ganze Communities beschreiben, die im aktuellen Gesundheitssystem benachteiligt sind. Hierzu zählen bspw. Menschen mit Behinderung, geringem Einkommen, Flucht- und Migrationserfahrung. Die Existenz gesundheitlicher Ungleichheit ist genauso vielfältig wie deren Ursachen. Zwar hat der Gesetzgeber eine allgemeine Krankenversicherungspflicht in Deutschland eingeführt, sodass grundsätzlich die gesamte Bevölkerung abgesichert und damit ein Zugang zu Gesundheitsleistungen vorhanden sein sollte. In der Realität scheitert die Durchsetzung des vollumfänglichen Zugangs zu Gesundheitsleistungen jedoch häufig. Als Ursachen werden neben administrativen Gründen, die der Systemebene zugerechnet werden können, auch Unterschiede in den regionalen und lokalen Versorgungsstrukturen angeführt, die trotz der Krankenhausplanung und der ambulanten Bedarfsplanung zu konstatieren sind. Auf individueller Ebene werden insbesondere u. a. Unkenntnis des Gesundheitssystems aufseiten der Anspruchsberechtigten, eine unzureichende Gesundheitskompetenz und damit eine im Hinblick auf bestehende Strukturen nicht adäquate Artikulation von gesundheitlichen Bedarfen sowie eine Vielzahl weiterer Barrieren wie Sprache, kultureller Hintergrund, etc. angeführt. (vgl. Fendt et al., 2023).

Vor diesem Hintergrund ist es zwingend notwendig, diverse Communities bei der Durchsetzung ihrer Bedürfnisse und Ansprüche und damit letztlich beim Zugang zu gesundheitlichen Leistungen im Gesundheitssystem zu unterstützen bzw. ihnen eine eigenständige Inanspruchnahme zu ermöglichen. Diese Notwendigkeit hat zwischenzeitlich auch der Gesetzgeber erkannt: Das Bundesgesundheitsministerium (BMG) hat in seinem aktuellen Entwurf eines Gesetzes zur Stärkung der Gesundheitsversorgung in der Kommune (Gesundheitsversorgungsstärkungsgesetz – GVSG) die Errichtung von sogenannten Gesundheitskiosken vorgesehen (BMG, 2023). Danach sollen Gesundheitskioske in besonders benachteiligten Regionen und Stadtteilen gemeinsam von Kommunen,

Gesetzlicher Krankenversicherung (GKV) und Privater Krankenversicherung (PKV) errichtet und getragen werden. Um regionale Besonderheiten vor Ort zu berücksichtigen, soll nicht nur das Initiativrecht zur Errichtung eines Gesundheitskiosks bei den Kommunen liegen, sondern auch Einzelheiten sollen zwischen den Landesverbänden der Krankenkassen und der Ersatzkassen mit dem jeweiligen Kreis bzw. der kreisfreien Stadt im Benehmen mit dem PKV-Verband verhandelt und vertraglich vereinbart werden. Dabei geht das BMG von einem jährlichen Finanzierungsbedarf von rund 400.000 € pro Gesundheitskiosk aus, von denen die GKV 74,5 %, die Kommunen 20 % und die PKV 5,5 % tragen sollen. (BMG, 2023).

Insgesamt wird die Rolle der Kommune als Akteur im Gesundheitssystem seit Jahren gestärkt. So ist im Sozialgesetzbuch über das Präventionsgesetz das Setting Kommune verankert und das o. a. GVSG, durch das dem Aufbau von Gesundheitskiosken ein gesetzlicher und somit auch finanzieller Rahmen gegeben werden soll, sieht in der Kommune einen bedeutenden Akteur zur Gestaltung der Kioske. Nicht zuletzt während der COVID-19-Pandemie wurden Möglichkeiten der lokalen Steuerung (z. B. frühzeitige Maskenpflicht in Münster, sozialräumliches Pandemiemanagement in Bremen, community-spezifische Zugänge zum Impfen in Duisburg und Bochum) deutlich. Die Rolle der Kommune lässt sich durch ihre Nähe zu den verschiedenen Lebenswelten vor Ort sowie eine Kenntnis unterschiedlicher Sozialräume erklären. Dies gilt für städtische Räume, ebenso wie für die hier unter dem Begriff „Kommune" ebenfalls gemeinten Gebietskörperschaften in den ländlichen Räumen.

Nach dem Gesetzentwurf sollen Gesundheitskioske nicht nur das Ziel verfolgen, die Gesundheit zu fördern, die individuelle Gesundheitskompetenz insbesondere von Menschen mit besonderem Unterstützungsbedarf zu erhöhen und Ratsuchende in die notwendigen Versorgungsstrukturen weiterzuleiten, sondern es soll auch die Durchführung einfacher medizinischer Routineaufgaben im Rahmen ärztlicher Delegation ermöglicht werden. Dazu sollen Gesundheitskioske jeweils von einer Pflegefachkraft geleitet werden (BMG, 2023).

Dieser Band skizziert die Hintergründe und Rahmenbedingungen, in denen Gesundheitskioske bereits implementiert wurden und zukünftig weiter zu implementieren sind. Die Entwicklung vom Startprojekt in Hamburg hin zum aktuell vorliegenden Gesetzentwurf und damit zu einer gesundheitspolitischen Strategie zur Verbesserung der Versorgung und Reduzierung gesundheitlicher Ungleichheit sind Gegenstand des ersten Beitrags. In den folgenden Beiträgen werden Aufgabenprofile, Anforderungen an das Personal, Betreibermodelle, die Einbindung in den Sozialraum sowie verschiedene Beispiele dargelegt. Die Auswahl und Darstellung der Inhalte orientiert sich an aktuellen Fragen, mit denen die

Autor*innen aus Forschung und Praxis gegenwärtig immer wieder – insbesondere jene, die vor der Entscheidung stehen, ob und wie sie einen Gesundheitskiosk aufbauen – konfrontiert sind. In diesem Werk haben sie ihre Sichtweisen aus Wissenschaft und Praxis sowie interdisziplinärer Perspektive der Pflege, der Gesundheitsökonomie und der sozialraumbezogenen Gesundheitsforschung integriert aufbereitet.

Literatur

BMG – Bundesministerium für Gesundheit. (2023). Entwurf eines Gesetzes zur Stärkung der Gesundheitsversorgung in der Kommune (Gesundheitsversorgungsstärkungsgesetz – GVSG). Referentenentwurf vom 15.06.2023. https://www.bundesgesundheitsministe rium.de/service/begriffe-von-a-z/g/gkv-versorgungsstaerkungsgesetz.html. Zugegriffen: 13. Sept. 2023.

Fendt, M., Hölling, H., Lampert, T., & Waldhauer, J. (2023). *Die Bedeutung des sozioökonomischen Status für das Auftreten von psychischen Auffälligkeiten bei 11-bis 17-jährigen Mädchen und Jungen in Deutschland. Ergebnisse der KiGGS-Welle 2 (2014–2017) Georg Thieme Verlag (Hrsg.) Gesundheitswesen ePub: Jan 3.* https://doi.org/10.1055/a-1916-9664(EFirst).

Lampert, T., Kroll, LE., Kuntz, B., & Hoebel, J. (2018). Gesundheitliche Ungleichheit in Deutschland und im internationalen Vergleich: Zeitliche Entwicklungen und Trends. *Journal of Health Monitoring, 3*(S1). https://doi.org/10.17886/RKI-GBE-2018-019.

SVRKAiG – Sachverständigenrat für die Konzertierte Aktion im Gesundheitswesen. (2001). Bedarfsgerechtigkeit und Wirtschaftlichkeit, Bd. III, Über-, Unter und Fehlversorgung, Baden-Baden (Erstveröffentlichung 2000).

Vom InnoFonds-Projekt zum Gesetzesentwurf

2

Helmut Hildebrandt

Der erste Gesundheitskiosk wurde im Rahmen eines vom Innovationsfonds des Gemeinsamen Bundesausschusses (G-BA) geförderten Projektes in Hamburg in den Stadtteilen Billstedt und Horn errichtet. Der Innovationsfonds gilt als zentrales gesundheitspolitisches Förderinstrument zur Weiterentwicklung und Verbesserung der Gesundheitsversorgung in Deutschland und fördert vielversprechende Projekte nach einem aufwändigen Antragsverfahren und verbunden mit einer intensiven Evaluation.

Die Hamburger Stadtteile Billstedt und Horn mit ihren ca. 110.000 Einwohner*innen sind charakterisiert durch eine überdurchschnittlich hohe Anzahl sozioökonomisch benachteiligter Bewohner und Bewohnerinnen wie z. B. Arbeitslose, ALG-II-Empfänger*innen, Migrant*innen, kinderreiche Familien, Alleinerziehende, Kinder (unter 15 Jahren) in Mindestsicherung und Menschen mit niedrigeren Schulabschlüssen. Insbesondere Billstedt mit seiner Hochhaussiedlung Mümmelmannsberg rangiert im Sozialindex von Hamburg am unteren Rand. Ein Zusammentreffen von zwei Ärzten aus den Stadtteilen und des Gründers der in Hamburg beheimateten Firma OptiMedis, die schon über Erfahrungen in der Vernetzung von Ärzten und sozialen Einrichtungen verfügte, entstand 2012 die erste Idee. Hintergrund waren die positiven Interventionserfahrungen der OptiMedis-Mitarbeiter*innen aus dem ländlichen Umfeld des südbadischen Kinzigtals und die Überlegung, diese auf einen diversen großstädtischen Stadtteil mit einkommensschwacher, multiethnischer Bevölkerung in der Nachbarschaft zu ihrem eigenen Standort zu erweitern. Viele Treffen, Ausarbeitungen, Projektanträge und Absichtserklärungen mit Krankenkassen später entwickelte dann OptiMedis in 2015 in einem von der Gesundheitsbehörde der Freien und Hansestadt Hamburg unterstützten „Entwicklungs- und Handlungskonzept für eine

H. Köckler et al., *Gesundheitskiosk*, essentials, https://doi.org/10.1007/978-3-658-43666-7_2

gesundheitsfördernde Stadtteilentwicklung in Billstedt und Horn" (OptiMedis AG, 2015) die erste Überlegung für die Etablierung eines niederschwelligen Gesundheitskiosks.

Der Gesundheitskiosk, aufbauend auf einer Lösung aus Finnland, war dabei eines von 15 Modulen eines sektorenübergreifenden Versorgungsmanagements, einer Entlastung der Ärzteschaft sowie einer Vernetzung des Gemeinwesens und der Medizin mit einer Trägerschaft durch eine eigens zu gründenden „Gesundheit für Billstedt/Horn GmbH" in Partnerschaft mit Krankenkassen.

In 2016 wurde das „Entwicklungs- und Handlungskonzept" zu einem Antrag an den Innovationsfonds des G-BA weiterentwickelt, ein lokales Netz von Ärzt*innen gegründet, Verträge mit Krankenkassen unterzeichnet, die nach Abschluss der Innovationsfondsförderung dann Sicherheit für die nachhaltige Arbeit geben sollten und das Hamburg Center for Health Economics (HCHE) als Partner für die Evaluation vereinbart. Nach der Förderzusage unter der Bezeichnung „INVEST Billstedt/Horn – Hamburg Billstedt/Horn als Prototyp für eine Integrierte gesundheitliche Vollversorgung in deprivierten großstädtischen Regionen" konnte dann Anfang November 2016 mit der konkreten Umsetzung begonnen werden.

In der Hochhaussiedlung Mümmelmannsberg startete Ende Juni 2017 der erste Gesundheitskiosk als Pilotphase und Außenstelle und Ende September 2017 wurde dann am Billstedter Marktplatz der eigentliche Gesundheitskiosk eröffnet. Auch wenn er weiterhin nur ein Modul der gesamten Intervention für eine gesundheitsfördernde Stadtteilentwicklung darstellte, zog er doch sehr viel Aufmerksamkeit auf sich. In der Öffentlichkeit konzentrierte sich die Berichterstattung auf die Beratungs- und Aufklärungsarbeit im Kiosk, ohne die dahinter stehende Vernetzungs- und Organisationsarbeit im intersektoralen Management von Versorgungsintegration und Prävention und in der Kooperation mit den verschiedenen Kulturen in dem richtigen Maß zu würdigen.

Die durch den Innovationsfonds geförderte Projektlaufzeit lief über drei Jahre (01.01.2017–31.12.2019), 3837 Versicherte konnten in dieser Zeit durch die beteiligten Arztpraxen und die Kioske in einen Vertrag zur integrierten Versorgung eingeschrieben werden. Der mit dem Start von „INVEST" bereits vereinbarte Fortsetzungsvertrag auf der Basis einer erfolgsbelohnenden Shared-Savings-Logik[1] mit der AOK Rheinland-Hamburg konnte nicht auf andere Krankenkassen ausgedehnt werden, sodass auch die AOK diesen während der Projektlaufzeit aufkündigte und gemeinsam mit mehreren Ersatzkassen auf einen

---

[1] „Shared-Savings-Verträge sind Verträge, die den erzeugten Nutzen gegenüber einer zu erwartenden Kostensteigerung berechnen und dann zwischen Krankenkassen und in diesem Fall der Gesundheit für Billstedt/Horn UG aufteilen. Hier war das Vertragsmodell so

Fördervertrag wechselte. Immerhin konnte damit eine wenn auch reduzierte Fortsetzung der Arbeit umgesetzt werden. Damit verband sich allerdings auch der Ausstieg von OptiMedis aus der „Gesundheit für Billstedt/Horn UG".

Ende März 2021 legte dann das HCHE den Evaluationsbericht vor, der zu dem Ergebnis kam, dass die Ziele der neuen Versorgungsform INVEST „überwiegend erreicht wurden":

- Verbesserung der gesundheitlichen Chancen und des Zugangs zur Gesundheitsversorgung,
- Verbesserung der Patientenerfahrungen und Erhöhung der Patientenzufriedenheit,
- Verbesserung der Vernetzung und Arbeitszufriedenheit der Akteur*innen der Gesundheitsversorgung.

Auf Basis der bisherigen Evaluationsergebnisse empfahlen die Evaluator*innen daher, die neue Versorgungsform INVEST in die Regelversorgung zu überführen. Die Evaluator*innen betonten allerdings auch, dass die Evaluation einer solchen populationsbezogenen Arbeit eigentlich eines längeren Evaluationszeitraums bedarf: „Basierend auf den vorliegenden Evaluationsergebnissen können … über die Wirtschaftlichkeit keine belastbaren Aussagen getroffen werden. Ein längerer Zeithorizont (3–5 Jahre) sowie eine höhere Einschreibungsrate könnten hier zu aussagekräftigeren und belastbareren Ergebnissen führen". (Wild et al., 2021).

Die positive Bewertung führte dann auch seitens des Innovationsausschusses des G-BA zu einer Empfehlung an die Akteure der Selbstverwaltung, die Gesundheitsministerkonferenz und das Bundesministerium für Gesundheit, zu prüfen wie Ansätze der neuen Versorgungsform zur Verbesserung wohnortnaher Versorgungs- und Beratungsangebote genutzt werden können, um eine Weiterentwicklung gesundheitsfördernder Aktivitäten und Ansätze in sozial deprivierten Stadtteilen oder Kommunen zu befördern und gesundheitliche Chancengleichheit zu stärken. (G-BA, 2022, S. 2) Das BMG wurde zusätzlich gebeten, zu prüfen, ob im Rahmen von Gesetzgebungsverfahren rechtliche Anpassungen zur Umsetzung und zuständigkeitsbezogenen Finanzierung niedrigschwelliger Beratungs- und Versorgungsangebote in sozial deprivierten Stadtteilen oder Kommunen vorgeschlagen werden können (G-BA, 2022, S. 2).

---

gestrickt, dass damit bei einem entstandenen Nutzen in den Jahren der Innovationsfondsfinanzierung die Fortsetzung ab dem vierten Jahr dann aus dem Anteil an den Einsparungen weitergeführt werden können sollte.

SPD, FDP und BÜNDNIS 90/DIE GRÜNEN beschlossen 2021 in der Koalitionsvereinbarung auf Bundesebene die Förderung von Gesundheitskiosken. Mit der Vorstellung von „Eckpunkten für eine Gesetzesinitiative" am 03.08.2022 hat Bundesgesundheitsminister Prof. Karl Lauterbach dies aufgegriffen und festgestellt, dass langfristig 1000 Gesundheitskioske bundesweit aufgebaut werden sollen. Dies wurde kurze Zeit später von den Ersatzkassen damit beantwortet, dass sie ihre Fortsetzungsverträge zur Förderung des Gesundheitskiosk Billstedt/Horn zum Ende 2022 kündigten. Sie argumentierten, dass die Beratungsleistungen für Ersatzkassenversicherte „in keinem Verhältnis zu der hohen finanziellen Aufwendung" stünden, dass sie doppelte Strukturen sähen und betonten, dass angesichts der prekären Finanzentwicklung der GKV das Angebot nicht mehr aufrecht zu erhalten sei. Andere Krankenkassen, darunter die AOK Rheinland-Hamburg und die Mobil Krankenkasse übermittelten dagegen, dass sie sehr wohl das Angebot aufrechterhalten wollten. Die Gesundheit für Billstedt/Horn UG reduzierte nochmals ihre Mitarbeiterzahl, aber setzte die Arbeiten fort (vgl. Neuigkeiten – Gesundheit Billstedt/Horn UG (gesundheit-bh.de)).

Gleichzeitig vereinbarte die AOK Rheinland-Hamburg zum Teil gemeinsam mit anderen Krankenkassen und lokalen Wohlfahrtsorganisationen, Gesundheitsämtern und Forschungsgruppen ähnliche Gesundheitskioske, so u. a. in Aachen, Essen, Düsseldorf und Solingen (vgl. AOK Rheinland Hamburg 2023).

Im Juni 2023 wurde dann der bereits angeführte „Entwurf eines Gesetzes zur Stärkung der Gesundheitsversorgung in der Kommune (Gesundheitsversorgungsstärkungsgesetz – GVSG)" bekannt, der einen § 65 g „Niedrigschwellige Beratungsangebote von Krankenkassen und Kommunen über medizinische Behandlung und Prävention in Bedarfsregionen (Gesundheitskiosk)" vorsieht und der weitgehend auf den „Eckpunkten" des Bundesgesundheitsministers aus dem Jahr 2022 beruht. (BMG, 2022; BMG, 2023).

Literatur

BMG – Bundesministerium für Gesundheit. (2022). Eckpunkte für Gesundheitskioske. (vgl. Gesundheitskiosk I BMG (bundesgesundheitsministerium.de). Zugegriffen: 20. Sept. 2023.
BMG – Bundesministerium für Gesundheit. (2023). Entwurf eines Gesetzes zur Stärkung der Gesundheitsversorgung in der Kommune (Gesundheitsversorgungsstärkungsgesetz – GVSG). Referentenentwurf vom 15.06.2023. Referentenentwurf_GVSG_1687415774.pdf (arge-medizinrecht.de). Zugegriffen: 20. Sept. 2023.

G-BA (2022). Impulse für die Regelversorgung aus weiteren drei Projekten des Innovationsausschusses - Gemeinsamer Bundesausschuss (g-ba.de) Pressemitteilung des Innovationsfonds. Impulse für die Regelversorgung aus weiteren drei Projekten des Innovationsausschusses - Gemeinsamer Bundesausschuss (g-ba.de). Zugegriffen: 18. Aug. 2023.

OptiMedis AG. (2015). Entwicklungs- und Handlungskonzept für eine gesundheitsfördernde Stadtteilentwicklung in Billstedt und Horn. Kleinräumige Analyse der Bedarfssituation, 2015. Microsoft Word - Billstedt_Horn_BGV_Analyse_Final.docx (optimedis.de). Zugegriffen: 13. Sept. 2023.

Wild E.-M., Schreyögg, J., Golubinski, V., Ress, V., & Schmidt, H. (2021).Evaluationsbericht Hamburg Billstedt/Horn als Prototyp für eine Integrierte gesundheitliche Vollversorgung in deprivierten großstädtischen Regionen. https://www.hche.uni-hamburg.de/for schung/transfer/invest/2021-03-31-evaluationsbericht-langfassung.pdf.

Angebotsspektrum eines Gesundheitskiosks

Heike Köckler und Michael Wessels

Ein Gesundheitskiosk ist ein neues Angebot im Spektrum von Gesundheits-förderung, Prävention und Versorgung in Deutschland (siehe Kap. 1). Mit seinem Angebot soll eine Lücke im Gesundheitssystem geschlossen werden und zwar insbesondere für diejenigen, die in den derzeitigen Strukturen schlechter versorgt sind als andere. Es soll also ein Beitrag zu mehr Chancengerechtigkeit im Gesundheitssystem geschaffen werden. Wie in der Ausgangslage beschrieben, sind es vor allem Barrieren im Zugang zu den Leistungen des Gesundheitssystems sowie der Aufbau von Gesundheitskompetenz und Gesundheitsförderung, die das Angebotsspektrum eines Gesundheitskiosks ausmachen.

Derzeit gibt es keine allgemeingültige Definition des Angebotsspektrums im Rahmen von Versorgungsverträgen oder gesetzlichen Grundlagen. Daher ist das hier benannte Angebotsspektrum als eine fachliche Empfehlung einzuordnen. Ein Gesundheitskiosk sollte immer auch im Hinblick auf seine sozialräumliche Einbindung konzipiert und dimensioniert werden (siehe Kap. 7). Die Angebote sollen generell niedrigschwellig und vollumfänglich gestaltet sein. Dies bedeutet, dass Angebote communityspezifisch (siehe Info-Box „Community Health") und für die Nutzer*innen kostenfrei sind. Insbesondere die Niedrigschwelligkeit und räumliche Nähe zu denen, die dieses Angebot nutzen, soll durch den Begriff des Kiosks vermittelt werden. Aus finanziellen und personellen Gründen wäre eine Dichte, wie sie üblicherweise ein Netz von klassischen Kiosken in einer Stadt hat, gar nicht zu realisieren. Zudem kann ein Gesundheitskiosk sich nicht über den Verkauf von Dienstleistungen finanzieren, sondern sein Ansatz ist es, die Gesundheit der Bevölkerung zu fördern und Kosten im Gesundheitswesen insgesamt einzusparen. Daher sind Angebote eines Gesundheitskiosks auch dort vorzuhalten, wo klassische Kioske aus ökonomischen Gründen schon längst geschlossen sind oder nie eröffnet wurden: im ländlichen Raum.

H. Köckler et al., *Gesundheitskiosk*, essentials,
https://doi.org/10.1007/978-3-658-43666-7_3

Community Health

Community Health steht für einen Ansatz, der die Diversität der Gesellschaft und die daraus abgeleiteten Erfordernisse für eine diversitätssensible Gesundheitsförderung, Prävention und Versorgung in den Blick nimmt. Zentrales Merkmal von Community Health ist daher, dass „Interventionen nicht pauschal zu konzipieren und allgemein zu verbreiten sind, sondern spezifisch auf den Kontext, sowie auf die konkreten Bedürfnisse, Deutungen und Alltagspraxis derjenigen Community ausgerichtet sein müssen, die im Fokus der jeweiligen Ansätze steht". (Department of Community Health, 2022: 13)

Handlungsleitend sind partizipative Ansätze, in denen Communities an der Gestaltung, Umsetzung und Evaluation von Interventionen wirkmächtig beteiligt sind. Dies führt im Ergebnis auch zu einem Empowerment der Communities, was seinerseits wiederum gesundheitsförderlich ist.

Die Definition von Communities erfolgt im Wesentlichen über eine Selbstzuschreibung von Gemeinsamkeiten. Dies bedeutet, dass eine Person für sich selbst entscheidet, ob sie sich zu einer Community zugehörig fühlt, also beispielsweise als behindert, zugewandert, männlich, politisch engagiert oder zu einem Stadtteil zugehörig fühlt. Immer wieder kommt es zu Fremdzuschreibungen, die einerseits in Statistik und Datenerfassung begründet liegen. So gilt jemand aufgrund einer Diagnose als behindert und dies ist mit einem Grad der Behinderung dokumentiert. Transferleistungsempfänger*innen gelten als arm und in Deutschland ist der Migrationshintergrund ein Merkmal der Sozialstatistik. Andererseits erfolgt eine Fremdzuschreibung darüber, wie Personen wahrgenommen werden. Beispielsweise kann eine Person als Frau wahrgenommen werden, obwohl sie sich selber als männlich oder queer bezeichnet. Eine Person kann aufgrund ihrer Hautfarbe oder ihres Nachnamens als ausländisch oder migrantisch bezeichnet werden. Zudem bleibt es bedeutend, dass eine Person sich gleichzeitig verschiedenen Communities zugehörig fühlen kann oder nicht. Zudem ist die Schnittmenge verschiedener Diversitymerkmale, die eine Person beschreiben, bedeutend. Daher ist das Konzept der Intersektionalität, das für die Betrachtung dieser Schnittmengen aus einer Diskriminierungsperspektive steht, leitend für Community-Health-Ansätze.

Department of Community Health, 2022

Siehe auch: https://www.hs-gesundheit.de/departments/doch-department-of-community-health/uebersicht

Zentrale Aufgabe des Gesundheitskiosks ist, Hilfe zur Orientierung im Gesundheitssystem zu geben sowie die Vermittlung in verschiedene Angebote. Diese Aufgabe wird häufig auch als Lotsenfunktion bezeichnet und dient im Hinblick auf einzelne Patient*innen dem Case-Management. So kann ausgehend von einem Befund, die passende Praxis zur Therapie gefunden und Termine vereinbart werden. Hierbei sind auch Aspekte wie die Erreichbarkeit der Praxis für Patient*innen (ÖPNV Anbindung, Fahrdienst), Sprache und ggf. auch das Geschlecht zu berücksichtigen. In vielen Fällen kommt es nach einer Diagnose nicht zur empfohlenen Therapie oder weiteren Untersuchung, weil die weiteren Schritte für die Patient*innen nicht klar sind. So berichten Kinderärzt*innen immer wieder, dass sie bei Vorsorgeuntersuchungen einen veralteten Hinweis aus der Schuleingangsuntersuchung finden, der empfiehlt einen Pädaudiologen für die weitere Diagnostik aufzusuchen. Dies wurde aus mangelnder Kenntnis des Systems nicht umgesetzt. Werden auch Vorsorgeuntersuchungen nicht in Anspruch genommen, erreicht auch der Kinderarzt die Familie nicht. Es lassen sich beliebige andere Beispiele benennen, in denen die sogenannten „Patient Journeys" (siehe Info-Box „Patient Journey und die Rolle des Gesundheitskiosk") abbrechen oder gar nicht erst angetreten werden. Um eine Patient Journey gut begleiten zu können, müssen die Mitarbeiter*innen eines Gesundheitskiosks vor Ort auf ein gut funktionierendes Netzwerk zurückgreifen können.

Patient Journey und die Rolle des Gesundheitskiosk
Eine „Patient Journey" beschreibt die Reise eines Patienten oder einer Patientin durch das Gesundheitssystem. Vom gesicherten Befund über Behandlung und Therapie ist die Reise mit vielen Stationen und Wegen verbunden.
Nicht selten bricht die Reise auf dem Weg von der Diagnose zur Behandlung oder Heilung ab, da die nächste Station der Reise nicht klar ist, mit Kosten oder institutionellen Zugangsbarrieren verbunden ist. Besonders herausfordernd ist eine über einzelne Gesundheitssektoren hinausgehende Versorgung.
Ein Gesundheitskiosk kann hier als „Reisebüro" auf der Patient Journey dienen, in dem es das den Befunden und Möglichkeiten des Patienten entsprechende Angebot findet. Insbesondere eine unzureichende Gesundheitskompetenz erschwert es Patient*innen ihren Weg in die vorgesehenen „regulären" Versorgungspfade im Gesundheitssystem zu finden. Die

Möglichkeiten von Patient*innen ihre Behandlung und Therapie gemeinsam mit Ärzt*innen und Therapeut*innen zu gestalten, wird unter dem Begriff des *shared decision making* verfolgt und kann von Mitarbeiter*innen eines Gesundheitskiosk ebenfalls unterstützt werden. Siehe auch: (Wolf & Kunsz-Braun, 2020)

Die Mitarbeiter*innen im Gesundheitskiosk beraten in vielerlei Hinsicht. So helfen sie Arztbriefe und Befunde zu verstehen und einzuordnen, Anträge zu stellen, Formulare auszufüllen und zeigen auch Wege zu Gesundheitsförderung und Prävention auf.

Damit ein Gesundheitskiosk von vielfältigen Gruppen genutzt wird, sollte er auch aufsuchend arbeiten. Aufsuchend bedeutet, Menschen dort zu erreichen, wo sie in ihrem Alltag sind. Dies kann settingbezogen über Schulen, KiTas und Betriebe erfolgen. Das Setting Kommune bietet Möglichkeiten Menschen zu erreichen, die nicht (mehr) in klassischen Settings sind (siehe Kap. 7). Für das Angebotsspektrum bedeutet dies, dass die Netzwerkarbeit zentral ist und auch Akteure einzubeziehen sind, die nicht im Gesundheitswesen sind. So kann die Zusammenarbeit mit der Schuldnerberatung hilfreich sein, wenn Menschen aufgrund von Krankheit in finanzielle Probleme geraten und diese ihrerseits bspw. zu psychischer Erkrankung führen.

Wichtig ist, dass diese Angebote communityspezifisch und barrieresensibel gestaltet sind. Das bedeutet, dass Angebote nicht nur mehrsprachig, sondern auch kultursensibel ausgestaltet sind. So sollte zum Beispiel die Beratung einer neu an Diabetes erkrankten Muslima beinhalten, dass laut Koran chronisch Kranke von der Pflicht zu fasten befreit sind und sie als eine an Diabetes Erkrankte hierzu zählt. Stattdessen kann sie an jedem Tag, an dem sie nicht fastet, Essen spenden und ihrem Wunsch nach Religionsausübung nachkommen. Eltern eines an Diabetes erkrankten Kindes hingegen müssen Wege aufgezeigt werden, wie die Versorgung auch in KiTa oder Schule gewährleistet werden kann und dem Kind somit gesellschaftliche Teilhabe sichergestellt ist.

Die Mitarbeiter*innen des Kiosks bekommen einen tiefen Einblick in die unterschiedlichen Lebenswelten von verschiedenen Gruppen. Diesen Einblick gilt es für strukturelle Verbesserung an entsprechende Akteure zu richten. Wenn vorhanden, sollten Mitarbeiter*innen von Gesundheitskiosken in Gesundheits- oder Sozialkonferenzen vertreten sein, die einen Beitrag zu struktureller Verbesserung leisten können.

Die Angebote eines Gesundheitskiosks können durch digitale Angebote, wie z.B. eine Plattform und Suchmaschine, die einen Überblick über alle Gesundheitsangebote in einer Region bietet, unterstützt werden. Dies reicht von einer elektronisch unterstützten und an den verschiedenen Bedarfen orientierten Terminvereinbarung, über eine barriereresensible Bereitstellung von Angeboten bis hin zu Online-Sprechstunden mit Ärzt*innen oder Therapeut*innen im Gesundheitskiosk (vgl. Beispiel in der Info-Box „**Der DIGILO (Digitaler Gesundheitslotse)**").

Der DIGILO (Digitaler Gesundheitslotse)
Seit 2020 wird so eine Plattform zum Beispiel im hessischen „Gesunden Werra Meißner-Kreis" genutzt („DIGILO") und parallel weiterentwickelt. Interessierte finden dort bereits über 15.000 Anbieter und Unterstützungsangebote in ihrer Nähe – gut sortiert nach Kategorien, z. B. ambulante Fachärzt*innen, Pflegeeinrichtungen, Apotheken, Fitnesscenter, Hebammen, Kinder- und Jugendsportangebote, Orthopädietechniker*innen, Frühe Hilfen, Seniorenberatung, Notfallseelsorge, Kulturvereine, ambulante Pflege, Gesundheitsämter, Palliativmedizin und viele mehr. Die Daten für den DIGILO werden für jede Region individuell erfasst und aktuell gehalten. Dies übernehmen entweder die Mitarbeitenden der teilnehmenden Einrichtung/Gesundheitsregion oder das OptiMedis-Team kümmert sich darum.
(vgl. Digitaler Gesundheitslotse „DIGILO", OptiMedis, 2023).
https://gesunder-wmk.de/digitaler-gesundheitslotse/; Zugriff vom 29.10.2023

Zusammenfassung
Angebotsspektrum eines Gesundheitskiosks

- Vermittlung: Vermittlung von Leistungen der medizinischen und therapeutischen Behandlung, Prävention und Gesundheitsförderung sowie Anleitung zu deren Inanspruchnahme
- Beratung: Allgemeine Beratungs- und Unterstützungsleistungen zur medizinischen und sozialen Bedarfsermittlung

- Koordinierung: Die Koordinierung der erforderlichen Gesundheitsleistungen und die Anleitung zu deren Inanspruchnahme
- Unterstützung: Die Unterstützung bei der Klärung gesundheitlicher und sozialer Angelegenheiten
- Netzwerk: Die Bildung eines sektorenübergreifenden Netzwerkes im Sinne von Case-Management sowie weiterreichend, das auch Akteur*innen jenseits des Gesundheitswesens einbezieht.
- Routineaufgaben: Durchführung einfacher medizinischer Routineaufgaben wie z. B. Blutdruck und Blutzucker messen, Verbandwechsel, Wundversorgung und subkutane Injektionen – veranlasst von Ärzten
- Evaluation von Maßnahmen um im Sinne des Public Health Action Cycles und evidenzbasierter Interventionen das Angebot kontinuierlich zu optimieren und neuen Bedarfen anzupassen.

Literatur

OptiMedis AG. (2023). DIGILO – Gesunder Werra Meißner Kreis. gesunder-wmk.de. Zugegriffen:13. Sept. 2023.
Department of Community Health (Hrsg.). (2022) Community Health. BeltzJuventa, Weinheim.
Wolf, C., & Kunz-Braun, A. (2020). Patient journey. In R. Tunder (Hrsg.), *Market Access Management für Pharma- und Medizinprodukte*. Springer Gabler. https://doi.org/10.1007/978-3-658-26145-0_24.

Anne Roll und Michael Wessels

Die Rolle von Gesundheitsberater*innen und Gesundheitslots*innen im Gesundheitskiosk in Abgrenzung zum Aufgabenprofil der Community Health Nurse

Die Ziele von Gesundheitskiosken sind es, Menschen insbesondere in sozial oder infrastrukturell benachteiligten Sozialräumen, Menschen mit Sprachbarrieren sowie mit geringer Selbstkompetenz in Gesundheitsfragen zu unterstützen. Das Aufgabenspektrum von Gesundheitskiosken kann je nach Standort variieren. Während in städtischen Gebieten möglicherweise eher die Überwindung sozialer Isolation oder die Orientierung im breiten Angebotsspektrum von Gesundheitsdienstleistungen im Vordergrund steht, könnte im ländlichen Raum der Schwerpunkt beispielsweise auf der Beratung und Unterstützung zum Zugang zu Gesundheitsdienstleistungen liegen. Einige bestehende Gesundheitskioske haben z. B. einen Schwerpunkt im Bereich Telemedizin, um Dienstleistungen wie Untersuchungen auch in entlegeneren Gebieten zugänglich zu machen (vgl. Habich, 2022).

Die Aufgaben im Team eines Gesundheitskiosks variieren, weshalb dort Fachkräfte aus unterschiedlichen Bereichen zusammenarbeiten müssen, wie beispielsweise Pflegewissenschaftler*innen, Pflegefachpersonen, Gesundheitswissenschaftler*innen, medizinische Fachangestellte und Sozialarbeiter*innen. Je nach Vorbildung und Erfahrung müssen diese Mitarbeitenden möglicherweise vor ihrem Einstieg ergänzende Schulungen wie z. B. eine Case-Management-Weiterbildung für ihre Arbeit im Gesundheitskiosk absolvieren. Neben den beruflichen und akademischen Qualifikationen sind besondere Kompetenzen in der Kommunikation und in der klientenzentrierten Beratung oder dem „Motivational Interviewing" erforderlich. Insbesondere auch die Mehrsprachigkeit der Mitarbeitenden in einem Gesundheitskiosk ist von Vorteil, wenn z. B.

im großstädtischen Kontext viele Klient*innen aus unterschiedlichen Kulturen und Sprachräumen kommen. Ein möglichst interdisziplinäres Team aus unterschiedlichen Fachbereichen erhöht damit die Leistungsqualität in der Beratung, Unterstützung und Begleitung der Klient*innen.

Eine wichtige Rolle im Gesundheitskiosk spielen die Gesundheitsberater*innen. Sie fungieren als Ansprechpartner*innen für Ratsuchende und bieten Beratung zu verschiedenen Gesundheitsfragen an. Häufig werden die Ratsuchenden chronisch kranke Menschen mit den großen Volkskrankheiten wie Diabetes mellitus Typ 2, Muskel-Skelett- sowie Herz-Kreislauf- und Atemwegserkrankungen sein. Da der Entstehungs- und Entwicklungsprozess dieser Krankheiten oft durch den Lebensstil beeinflusst werden kann, können Gesundheitsförderung und Prävention dazu beitragen, den Verlauf abzumildern. In der Regel lassen sich diese Krankheiten nicht vollständig heilen. Betroffene müssen daher die Auswirkungen ihrer Erkrankungen sowie den Umgang damit erlernen, was durch langfristige Beratung ermöglicht werden kann.

Eine klientenzentrierte Gesprächsführung und das gemeinsame Erarbeiten von Lösungen für individuelle Bedürfnisse und Anliegen mit den Klienten*innen und gegebenenfalls mit deren Familienmitgliedern gehören ebenfalls zu den zentralen Aufgaben von Gesundheitskiosken. Darunter könnte beispielsweise auch eine Mutter sein, die mit ihrem minderjährigen Sohn den Gesundheitskiosk aufsucht, weil dieser zwar mehr Sport treiben soll, die Mutter aber befürchtet, dass dies für ihn als Asthmatiker zu belastend sein könnte. Durch ein ausführliches Beratungsgespräch mit einer Beraterin könnte die Mutter dann feststellen, dass Ausdauersportarten wie Joggen, Radfahren, Wandern oder Schwimmen trotz Asthma durchgeführt werden können, weil sie den Körper gleichmäßig belasten und sich positiv auf die Erkrankung auswirken können.

Die Gesundheitsberater*innen fungieren zudem auch als Gesundheitslotsen. Wenn ein/e Gesundheitsberater*in Klient*innen zu verschiedenen Versorgungsbereichen berät und entsprechend "lenkt", dann ist das Aufgabenprofil zwischen Berater*in und Lotse fließend. So könnte der/die Gesundheitsberater*in beispielsweise den Body-Mass-Index (BMI) errechnen, Ernährungsgewohnheiten festhalten und einen individuellen Plan für eine gesündere Ernährung erstellen. Nach der Beratung könnte der/die Mitarbeitende dann die Rolle des Lotsen einnehmen und zunächst eine Ernährungsschulung empfehlen, die regelmäßig über die Netzwerke des Gesundheitskiosks angeboten wird, und etwas später dann den Kontakt zu einem Jugendsportverein herstellen.

Wenn jedoch komplexere Gesundheitsaufgaben zu bewältigen sind, wie z. B. die Unterstützung einer Familie bei der Versorgung eines an Demenz erkrankten

Familienmitglieds oder die Vermittlung an Fachärzt*innen, können Mitarbeitende auch spezialisiertere Gesundheitslotsenaufgaben übernehmen.

Eine enge Zusammenarbeit des Gesundheitskiosks mit Fachkliniken, Gesellschaften und anderen Einrichtungen der Gesundheitsversorgung ist für die erfolgreiche Beratungs- und Lotsentätigkeit unerlässlich. Die Unterscheidung zwischen Gesundheitsberater*innen und Gesundheitslotsen ist fließend. Gemeinsam ermöglichen sie den Ratsuchenden, informierte Entscheidungen zu treffen und präventive Maßnahmen zur Förderung ihrer Gesundheit zu ergreifen und tragen dazu bei, dass Menschen einen besseren Zugang zu einer adäquaten Gesundheitsversorgung erhalten.

Aufgabenprofil der Community Health Nurse

Die Rolle der Community Health Nurse wird oft im Zusammenhang mit Gesundheitskiosken diskutiert. Laut dem Bundesministerium können examinierte Pflegefachpersonen, wie (Gesundheits- und Kinder-) Krankenpfleger*innen, Altenpfleger*innen oder Pflegefachfrauen/-männer und perspektivisch auch Pflegefachkräfte mit Heilkundekompetenz (im Sinne des *community health nursing* – CHN), die Leitung eines Gesundheitskiosks ausüben und dort arbeiten (BMG, 2023b). „Heilkundekompetenz" bezieht sich dabei auf das Wissen, die Fähigkeiten und die rechtliche Befugnis, Gesundheitsdienstleistungen anzubieten, die zur Diagnose, Behandlung und Prävention von Krankheiten und Gesundheitsproblemen dienen.

Vor diesem Hintergrund ist es wichtig zu betonen, dass die Rolle der Community Health Nurse über das Tätigkeitsprofil von Gesundheitsberater*innen hinausgeht. Gemäß internationalem Standard ist eine Community Health Nurse in der Primärversorgung tätig. Im Rahmen der Primärversorgung erfolgt eine umfassende Gesundheitsfürsorge und Beratung, welche auch die Bewertung weiterer Schritte in der ambulanten oder stationären medizinischen Betreuung einschließt. In Deutschland obliegt diese Verantwortung den Hausärzt*innen, während in anderen Gesundheitssystemen, wie beispielsweise in den skandinavischen Ländern und im Vereinigten Königreich, qualifizierte Teams von Pflegefachpersonen und Fachkräften aus sozialen Berufen eigenständig in der Primärversorgung mitarbeiten. Internationale Studien zeigen, dass Community Health Nurses positive Auswirkungen auf verschiedene Aspekte der Gesundheitsversorgung haben, wie beispielsweise die Reduzierung der Mortalität und der Wiedereinweisungsrate von älteren Menschen ins Krankenhaus (Terracciano et al., 2021), die Förderung der Unabhängigkeit nach der Entlassung aus dem

Krankenhaus (Kwok et al., 2007) sowie die Verbesserung des Selbstmanagements und der Lebensqualität älterer Menschen (Cramm & Nieboer, 2016). Sie können auch zur Reduzierung von Blutdruck- und Blutzuckerwerten bei Diabetiker*innen beitragen (Massimi et al., 2002).

Trotz der nachgewiesenen positiven Effekte von Community Health Nurses auf die Gesundheitsversorgung und der insbesondere in ländlichen Regionen bestehenden Versorgungslücken in der hausärztlichen Versorgung, besteht in Deutschland weiterhin eine starre Aufgabenverteilung zwischen Ärzt*innen und Pflegefachpersonen fort, die eine integrative Versorgung erschwert. So kann zum Beispiel eine Pflegefachperson, selbst wenn sie in der Versorgung von chronischen Wunden ausgebildet ist, kein adäquates Wundmaterial oder eine Kompressionstherapie verschreiben, sondern muss Patient*innen an den Hausarzt bzw. die Hausärztin verweisen, die möglicherweise nicht über das gleiche Maß an Expert*innenwissen und Erfahrung in der Wundversorgung verfügen wie die Pflegefachperson.

Obwohl seit Jahren die Robert-Bosch-Stiftung gemeinsam mit der Agnes-Karll-Gesellschaft im Deutschen Berufsverband für Pflegeberufe (DBfK) die Etablierung eines anspruchsvollen pflegerischen Berufsbildes „Community Health Nursing" (siehe Info-Box Community Health Nursing) in Deutschland fördert und bereits entsprechende Masterstudiengänge existieren, stoßen Absolvent*innen dieser Studiengänge gegenwärtig auf ein Versorgungssystem, in dem sie keine Tätigkeiten in der Primärversorgung ausüben können. Um das volle Potenzial von Community Health Nurses auszuschöpfen – innerhalb von Gesundheitskiosken wie allgemein im Rahmen einer vernetzten Versorgung – wäre eine Ausweitung des Kompetenzbereichs notwendig sowie die Schaffung von Möglichkeiten für eigenverantwortliches heilkundliches Handeln. Dazu bedarf es in Deutschland jedoch zusätzlicher Gesetzesänderungen, insbesondere hinsichtlich der Übertragung von heilkundlichen Aufgaben auf entsprechend qualifizierte Pflegefachpersonen. Das im Auftrag der Robert-Bosch-Stiftung erstellte Gutachten „Rechtliche Voraussetzungen und Möglichkeiten der Etablierung von Community Health Nursing (CHN) in Deutschland" von 2022 stellt hier einen Meilenstein dar. In diesem Gutachten werden die rechtlichen Voraussetzungen und Möglichkeiten für die Etablierung von CHN in Deutschland erörtert sowie Anforderungen an künftige gesetzliche Regelungen geschildert (Burgi & Igl, 2022). Leider werden die nötigen rechtlichen Weichen dafür gegenwärtig auch im Zusammenhang mit der Einrichtung von Gesundheitskiosken zu wenig diskutiert. Dementgegen sieht der aktuelle Gesetzentwurf sogar ausschließlich die Durchführung einfacher medizinischer Routineaufgaben im Rahmen ärztlicher Delegation (siehe Info-Box Delegation und Substitution) vor (BMG, 2023a).

Zusammenfassung

Die Integration der Community Health Nurse (CHN) in Versorgungszentren, die eng mit Gesundheitskiosken zusammenarbeiten, wäre ein wichtiger Schritt, um auf die aktuellen und kommenden Herausforderungen im Gesundheitswesen zu reagieren. Dabei könnten im Gesundheitskiosk Pflegefachpersonen und Sozialarbeiter*innen auf Bachelor-Niveau tätig sein, wobei die Pflegefachpersonen eher in der Beratung zu gesundheitlichen und medizinischen Fragen und die Sozialarbeiter*innen eher in der Lotsentätigkeit agieren würden. Eine klare Differenzierung zwischen den Begriffen der Community Health Nurse, im Sinne des Community-Health-Nursing-Konzepts und Gesundheitsberater*innen, ist dabei essenziell.

Es ist entscheidend, dass ein Gesundheitskiosk in weitere Bereiche der Gesundheitsversorgung eingebettet ist, wie z. B. der ambulanten Pflege, der stationären Heimpflege und der hausärztlichen Versorgung. Nur durch eine kooperative und interdisziplinäre Zusammenarbeit kann der Gesundheitskiosk zu einer neuen Säule im Gesundheitswesen werden. Die Vernetzungsstrukturen von Gesundheitskiosken können potentiell einen regelmäßigen Austausch und eine sektorenübergreifende Zusammenarbeit ermöglichen.

Die bestehende Herausforderung liegt darin, dass Pflegefachpersonen mit einem Masterabschluss im Bereich Community Health Nursing derzeit nicht als Leistungserbringer in der Primärversorgung agieren können. Die Bemühungen des Deutschen Berufsverbandes für Pflegeberufe (DbfK) zur Erstellung einer Rollenbeschreibung der Community Health Nurse und eines Gutachtens zu den notwendigen Gesetzesänderungen werden bislang nicht ausreichend berücksichtigt. Eine solche Trennung der Sektoren erschwert einen Paradigmenwechsel in der Primärversorgung.

Es ist zu hoffen, dass zukünftige Entwicklungen im Gesundheitswesen eine umfassende Integration und Zusammenarbeit der verschiedenen Gesundheitsberufe fördern, um eine bedarfsgerechte und qualitativ hochwertige Versorgung zu gewährleisten. Hierbei ist eine Anpassung der rechtlichen Rahmenbedingungen unerlässlich, um den Einsatz von Community Health Nurses und anderen Fachkräften auch in der Primärversorgung zu ermöglichen. Eine enge Zusammenarbeit zwischen Gesundheitskiosken und medizinischen Versorgungszentren, in der Pflegende und Ärzt*innen partnerschaftlich zusammenarbeiten, könnte die Lücke zwischen den einzelnen Berufsgruppen schließen und die Patientenversorgung effektiver gestalten. Eine solche Integration wäre ein wichtiger Bestandteil einer zukunftsorientierten und ganzheitlichen Gesundheitsversorgung.

Delegation und Substitution in der Gesundheitsversorgung
Delegation bezeichnet die Übertragung ärztlicher Aufgaben von Ärzt*innen auf Nicht-Ärzt*innen, z. B. Pflegefachkräfte oder medizinische Assistenzberufe. Trotz Delegation bleibt der Arzt, die Ärztin Hauptleistungserbringer*in im Sinne des Behandlungsvertrages. Der Arzt, die Ärztin trägt die ärztliche Verantwortung.

    Substitution bezeichnet die eigenverantwortliche Erbringung bestimmter medizinischer Leistungen durch Nicht-Ärzt*innen. Diese Leistungen können im Rahmen ihrer Qualifikation erbracht werden. Bei der Substitution übernehmen die Nicht-Ärzt*innen die volle Verantwortung für die erbrachten medizinischen Leistungen. Die medizinische Verantwortung liegt nicht beim Arzt oder bei der Ärztin.

Community Health Nursing
Community Health Nursing (CHN) hat sich im Laufe der Jahre zu einer eigenständigen pflegerischen Disziplin entwickelt, vor allem in Ländern, in denen Community Health Nurses fester Bestandteil der Gesundheitsversorgung sind (z. B. Kanada und Finnland). Spezifische Kompetenzen von Community Health Nurses sind u.a: Überprüfung des Gesundheitszustandes, Routineuntersuchungen, gängige Assessments (geriatrische Assessments, Assessments von Risikofaktoren, psychosomatische Beschwerden), Selbstmanagement für chronisch Kranke, Gesundheitsförderung und Prävention sowie die Nutzung digitaler Technologien durch Telecare und Ambient Assisted Living.

    In diesen Ländern üben CHNs also eigenständig diagnostische und kurative Tätigkeiten aus, die in Deutschland nur von Ärzt*innen oder im Rahmen der ärztlichen Delegation von Pflegefachpersonen ausgeübt werden dürfen.

Literatur

BMG – Bundesministerium für Gesundheit. (2023a). Entwurf eines Gesetzes zur Stärkung der Gesundheitsversorgung in der Kommune (Gesundheitsversorgungsstärkungsgesetz – GVSG). Referentenentwurf vom 15.06.2023. https://www.bundesgesundheitsministe rium.de/service/begriffe-von-a-z/g/gesundheitskiosk.html. Zugegriffen: 16. Aug. 2023.

BMG – Bundesministerium für Gesundheit. (2023b). Gesundheitskiosk. https://www. bundesgesundheitsministerium.de/service/begriffe-von-a-z/g/gesundheitskiosk.html. Zugegriffen: 16. Aug. 2023.

Burgi, M., & Igl, G. (2021). *Rechtliche Voraussetzungen und Möglichkeiten der Etablierung von Community Health Nursing (CHN) in Deutschland*. Nomos Verlagsgesellschaft mbH & Co. KG. https://www.nomos-elibrary.de/10.5771/9783748924319/rechtliche-vor aussetzungen-und-moeglichkeiten-der-etablierung-von-community-health-nursing-chn-in-deutschland?page=1. Zugegriffen: 16. Aug. 2023.

Cramm, J. M., & Nieboer, A. P. (2016). Self-management abilities and quality of life among frail community-dwelling individuals: The role of community nurses in the Netherlands. *Health & Social Care in the Community, 25*(2), 394–401. https://doi.org/10.1111/hsc.12318.

Habich, I. (2022). *Gesundheitskiosk in Thüringen setzen auf Telemedizin – Videosprech stunden auch mit Apotheken*. DAZ. https://www.deutsche-apotheker-zeitung.de/news/art ikel/2022/11/15/gesundheitskioske-in-thueringen-setzen-auf-telemedizin-videosprechs tunden-auch-mit-apotheken. Zugegriffen:10. Sept. 2023.

Kwok, T., Lee, J., Woo, J., Lee, D. T., & Griffith, S. (2007). A randomized controlled trial of a community nurse-supported hospital discharge programme in older patients with chronic heart failure. *Journal of Clinical Nursing, 17*(1), 109–117. https://doi.org/10.1111/j.1365-2702.2007.01978.x.

Massimi, A., De Vito, C., Brufola, I., Corsaro, A., Marzuillo, C., Migliara, G., & Damiani, G. (2017). Are community-based nurse-led self-management support interventions effective in chronic patients? Results of a systematic review and meta-analysis. *PLoS ONE, 12*(3), e0173617.

Terracciano, E., Gentili, S., Madaro, O., Curti, E., Inzerilli, MC., Albanese, L., Accarino, N., Tardi, A., Orlando, S., Riccardi, F., Palombi, L., Marazzi, MC., & Liotta, G. The effect of community nurse on mortality and hospi- talization in a group of over-75 older adults: A nested case-control study. *Annali di Igiene, Medicina Preventiva e di Comunità, 33*(5), 487–498. https://doi.org/10.7416/ai.2020.2398.

Zur Finanzierung eines Gesundheitskiosks

5

Helmut Hildebrandt und Michael Wessels

Die grundsätzliche Herausforderung für die Finanzierung von Gesundheitskiosken besteht aktuell darin, eine angemessene Beteiligung der Akteure Kommunen, Gesetzliche Krankenversicherung (GKV) und Private Krankenversicherung (PKV) und darüber hinaus eine angemessene Aufteilung zwischen allgemeiner Daseinsfürsorge, d. h. Finanzierung aus Steuermitteln einerseits und Leistungen der Krankenversicherung, d. h. Finanzierung aus Beiträgen der GKV bzw. Prämien der PKV andererseits zu erreichen. (siehe Info-Box Krankenversicherung und Info-Box Daseinsvorsorge.) Darüber hinaus besteht grundsätzlich die Möglichkeit, entweder eher auf den Gestaltungswillen und damit die Freiwilligkeit der Akteure zur Beteiligung zu setzen oder die Akteure zu verpflichten, Gesundheitskioske (ggf. gemeinsam und einheitlich) finanzieren zu müssen. Die erste Lösung, wäre sinnvoll und zielführend, wenn die Krankenkassen im Wettbewerb die Finanzierung eines Gesundheitskiosks als Wettbewerbsvorteil gegenüber den Mitbewerbern anerkennen. Das birgt aber die Gefahr, dass nicht die gesamte Bevölkerung von Leistungen derartiger Gesundheitskioske, sondern nur die Versicherten der beteiligten Krankenkassen bzw. -versicherungen profitieren könnten. Wenn aber die Leistungen der Gesundheitskioske allen Menschen unabhängig von ihrem individuellen Versicherungsstatus vor Ort grundsätzlich zur Verfügung stehen sollen, erscheint eine wettbewerbliche Lösung nicht zielführend, sondern eher eine verpflichtende Regelung durch den Gesetzgeber, der ggf. eine gemeinsame und einheitliche Finanzierung verpflichtend vorschreibt. Denn die parallele Errichtung verschiedener Gesundheitskioske in unterschiedlicher Trägerschaft erscheint zu ressourcenintensiv.

© Der/die Autor(en), exklusiv lizenziert an Springer Fachmedien Wiesbaden GmbH, ein Teil von Springer Nature 2023
H. Köckler et al., *Gesundheitskiosk*, essentials,
https://doi.org/10.1007/978-3-658-43666-7_5

Krankenversicherung

Krankenversicherung ist ein Oberbegriff, der zum einen die Gesetzliche Krankenversicherung (GKV) und zum anderen die Private Krankenversicherung (PKV) umfasst.

Die GKV hat gemäß § 1 SGB V als Solidargemeinschaft die Aufgabe, die Gesundheit der Versicherten zu erhalten, wiederherzustellen oder ihren Gesundheitszustand zu bessern. Die GKV wird solidarisch durch einkommensabhängige Beiträge finanziert, die paritätisch (d. h. zu gleichen Teilen) von den Mitgliedern und Arbeitgebern entrichtet werden und sich nach den beitragspflichtigen Einnahmen der Mitglieder richten; Familienangehörige werden beitragsfrei mitversichert. Die GKV verfolgt das Ziel der Kostendeckung und ist nicht gewinnorientiert. Die Krankenkassen sind gemäß § 4 SGB V rechtsfähige Körperschaften des öffentlichen Rechts mit Selbstverwaltung und erfüllen eine quasi hoheitliche Aufgabe: Die Sicherstellung der gesundheitlichen Versorgung, für die nach dem Sozialstaatsgebot gemäß Artikel 20 des Grundgesetzes grundsätzlich der Staat verantwortlich ist, der diese Aufgabe an die GKV übertragen hat. Die Anzahl der gesetzlichen Krankenkassen ist in den letzten Dekaden deutlich rückläufig:

„Waren es 1970 noch 1815 Krankenkassen, hatte sich 1990 die Anzahl bereits auf 1147 reduziert. Im Jahr 2000 waren es noch 420. Heute gibt es nur noch 96 Kassen (Stand: 01. Januar 2023)" (GKV Spitzenverband, 2023a).

Die PKV ist gewinnorientiert und finanziert sich durch risikoäquivalente Prämien, d. h. die zu zahlende Prämie soll dem zu versichernden Risiko entsprechen: Je höher das Risiko des Versicherten, desto höher die Prämie (und umgekehrt). Die PKV steht nur einem begrenzten Personenkreis offen. Dazu zählen zum einen Beschäftigte, die oberhalb der Versicherungspflichtgrenze (d. h. im Jahr 2023 mehr als 66.600 €) verdienen sowie Selbstständige und zum andern Personen, die anteilig abgesichert sind (Beamt*innen über die Beihilfe) und nur noch eine anteilige private Absicherung benötigen. Lediglich für private Zusatzversicherungen, steht die PKV allen Bürger*innen offen. Laut Verband der Privaten Krankenversicherung e. V. verfügt der Verband über 42 Mitgliedsunternehmen, von denen 36 die Krankheitsvollversicherung anbieten. (PKV-Verband, 2023).

Im Jahr 2021 waren 88,33 % der Bevölkerung in der GKV versichert, 4,99 % PKV-Vollversicherte und 5,48 % als Beihilfeempfänger anteilig privat krankenversichert. Nur 1,19 % der Bevölkerung waren anderweitig abgesichert, z. B. als Gefangene, Grenzgänger oder Zeit- und

Berufssoldat*innen.(GKV-Spitzenverband, (2023b): Zahlen und Grafiken. Kennzahlen der gesetzlichen Krankenversicherung – Versicherte je System in Prozent, online: https://www.gkv-spitzenverband.de/service/zahlen_und_grafiken/zahlen_und_grafiken.jsp, Zugriff: 20.09.2023).

Daseinsvorsorge
Unter Daseinsvorsorge ist die staatliche Aufgabe zu verstehen, Güter und Dienstleistungen bereitzustellen, die für das menschliche Dasein notwendig sind. Neben Bereichen wie Mobilität, Wohnen, Bildung, Energie, Wasser und Abfall gehören dazu auch lebenswichtige Dienstleistungen im Bereich Gesundheit, wie beispielsweise die Erreichbarkeit von Einrichtungen der Gesundheitsversorgung sowohl im urbanen wie auch im ländlichen Raum. Güter und Dienstleistungen der Daseinsvorsorge (z. B. Investitionskosten im Krankenhaussektor) werden daher aus Steuermitteln finanziert, während die laufenden Betriebskosten von Einrichtungen im Gesundheitswesen durch die Vergütungen der Kostenträger in der Sozialversicherung (z. B. Erlöse aus den Fallpauschalen der GKV im Krankenhaussektor) und damit aus Beiträgen finanziert werden. Mit dem Ziel der Daseinsvorsorge werden auch die staatlichen Interventionen bzw. Vorgaben in der Krankenhausplanung bzw. die Einschränkungen der Niederlassungsfreiheit im Rahmen der Bedarfsplanung in der ambulanten vertrags(zahn-)ärztlichen Versorgung begründet (Schäfer, 2012).

Die Finanzierung von Gesundheitskiosken setzt sich für die unterschiedlichen Phasen des Aufbaus und der Umsetzungs- bzw. Betriebsphase bisher aus verschiedenen Komponenten zusammen. Bisherige Projekte wie der Gesundheitskiosk in Hamburg Billstedt-Horn bspw. wurden zunächst über den GBA-Innovationsfonds für die Aufbauarbeit finanziert und anschließend wurden für die Betriebsphase Selektivverträge nach § 140a SGB V mit teilnehmenden Krankenkassen geschlossen. Für die Finanzierung der Personal- und Sachkosten sind Selektivverträge durchaus geeignet, enthalten aber das Problem, dass Krankenkassen ihren Finanzierungsanteil eigentlich nur für ihre eigenen Versicherten vorsehen dürfen. Allerdings lassen sich durchaus auch Spielräume ausloten, da sich die Finanzierungspartner von Gesundheitskiosken darauf berufen können, dass Verträge dieser Art vom GBA-Innovationsfonds geförderte und positiv begutachtete Versorgungsformen fortführen. Auch andere städtische Initiativen, wie die Gesundheitskioske in Nordrhein-Westfalen, die von der AOK-Rheinland-Hamburg getragen werden, werden über Selektivverträge zu 50 % mitfinanziert, die anderen 50 % werden von den jeweiligen Kommunen getragen. Konzepte im ländlichen Raum, wie bspw. im Thüringischen Unstrut-Hainich Kreis werden aktuell über öffentliche Fördermittel des Bundeslandes finanziert. Insofern ist aktuell eine Mischfinanzierung z. B. aus Steuer- bzw. Fördermitteln der öffentlichen Hand, wie den Landkreisen oder Kommunen für die Aufbauphase und das Abschließen von Selektivverträgen für den Betrieb ein übliches Vorgehen und zeigt gleichzeitig, dass es sich um eine gesamtgesellschaftliche Aufgabe zwischen Krankenversicherungssystem und der kommunalen Daseinsvorsorge handelt. Diese Finanzierungsform steht beispielsweise in Analogie zur Dualen Finanzierung der Krankenhausversorgung.

Bei dieser Form der Finanzierung wird in der Regel eine hälftige Beteiligung der kommunalen Ebene und der jeweiligen Krankenkasse vereinbart, wobei die Beteiligung der Kommune z. B. auch über sogenannte Gestellungsverträge von Mitarbeiter*innen des Gesundheitsamtes erbracht werden kann. Der Nachteil eines solchen Vertragskonstrukts ist zum einen die unklare Laufzeit, das heißt, es entsteht eine Unsicherheit wie lange die Finanzierung eines Gesundheitskiosks gesichert bleiben wird, sodass Mitarbeiter*innen möglicherweise schwieriger zu finden bzw. zu halten sind. Zum anderen können durch einen Abschluss eines Vertrages mit nur einer oder zwei Krankenkasse(n) immer auch Versicherte anderer Kassen tendenziell ausgeschlossen werden oder sich zumindest ausgeschlossen fühlen. Auch die Gewinnung von Netzwerkpartner*innen kann dadurch erschwert werden. Die Gesundheitskioske der AOK in Nordrhein-Westfalen betonen, dass keine Auslese erfolgt, allerdings sollen AOK-Versicherte einige zusätzliche Angebote erhalten, d. h. der Kiosk wird indirekt ein Stück weit auch zu einem Marketing-Tool. Insofern bleibt zu hoffen, dass sich andere Krankenkassen zügig anschließen, um die Kosten fairer aufzuteilen.

Diese doch auf lange Sicht recht unsicheren Finanzierungsmöglichkeiten sind u. a. auch Gründe, weshalb im Rahmen des geplanten Gesetzesvorhabens eines Gesundheitsversorgungsstärkungsgesetzes (GVSG) in vollem Wortlaut genannt: „Gesetz zur Stärkung der Gesundheitsversorgung in der Kommune" die Finanzierung für Gesundheitskioske speziell geregelt wird. So sollen zukünftig 20 % der Kosten von der Kommune, 74,5 % durch die GKV und 5,5 % durch die PKV über ein Umlagesystem getragen werden. In der Erläuterung der daraus entstehenden Aufwände wird darin eine Größenordnung von 400.000 € pro Gesundheitskiosk erwähnt, im Eckpunktepapier war auch die avisierte Populationsgröße von ca. 80.000 Einwohnern beschrieben, im Referentenentwurf findet sich dazu keine Angabe. Unklar ist jedoch noch, ob darin bereits alle Kosten für den Aufbau, den Betrieb, die telemedizinische Verknüpfung und z. B. auch die als verpflichtend geplante wissenschaftliche Evaluation angedacht sind. Im Rahmen dieses Konstrukts können auch weitere Sozialleistungsträger beteiligt werden, wodurch sich das Finanzierungsvolumen um den Beitrag ihrer Beteiligung erhöhen würde, sodass damit ein Mehraufwand und ein größeres Aufgabenspektrum finanziert werden kann.

Die Grundlage dieser Kostenberechnung basiert auf den Finanzierungsmodellen bisheriger Gesundheitskioske, die bereits im Betrieb sind. Je nach Bedarfslage und regionaler Ausrichtung gilt es jedoch, diese möglichen Kosten pro Gesundheitskiosk genau zu prüfen. In der Regel entfallen für den Betrieb etwa zwei Drittel der Kosten auf das notwendige Personal, wobei auch hier Personalkosten wie u. a. die Geschäftsführung einer Trägerschaft zu berücksichtigen sind. Als Sachkosten können etwa 20 % der Personalkosten gerechnet werden. Weitere Kostenpunkte neben dem Sachbereich bilden z. B. Schulungen oder Qualifizierungsmaßnahmen, externe Dienstleistungen wie IT- oder Rechtsberatung, IT-Infrastruktur, Raumkosten wie Miete, Strom, Reinigung u. a., die nicht außer Acht gelassen werden sollten (OptiMedis, 2023).

Für die Aufbauarbeit bedarf es ebenfalls Mittel zur Finanzierung wie z. B. für Vertragsverhandlungsgespräche zwischen Krankenkassen, Kommunen und ggf. weiteren Beteiligten. Außerdem sind Kosten für die Gründung einer Trägergesellschaft eines Gesundheitskiosks zu berücksichtigen, wie Gründungsversammlungen, Gründungsformalien, Satzungsausgestaltung etc.

Für die Vernetzungsarbeit mit den sozialräumlichen Akteuren und möglichen Außenstellen von Kiosken, z. B. in Sozialzentren, Ortsämtern, oder bei Gesundheitsakteuren wie Apotheken, Arztpraxen, Pflegediensten, werden noch weitere Kosten entstehen und berücksichtigt werden müssen. All diese und noch mögliche weitere Kostenpunkte, insbesondere für die telemedizinische Verknüpfung, die digitale Ausstattung mit Case-Management-Software und nicht zuletzt die Kooperation mit wissenschaftlichen Einrichtungen und die Evaluation gilt es zu berücksichtigen. Wahrscheinlich wird sich daher das sinnvolle jährliche Finanzvolumen von Gesundheitskiosken eher im Bereich von 600.000 bis 800.000 € einpendeln.

Literatur

GKV-Spitzenverband. (2023a). Die gesetzlichen Krankenkassen. https://www.gkv-spitzenve
  rband.de/krankenversicherung/kv_grundprinzipien/alle_gesetzlichen_krankenkassen/
  alle_gesetzlichen_krankenkassen.jsp. Zugegriffen: 20. Sept. 2023.
GKV-Spitzenverband. (2023b). Zahlen und Grafiken. Kennzahlen der gesetzlichen Krankenversicherung – Versicherte je System in Prozent. https://www.gkv-spitzenverband.de/ser
  vice/zahlen_und_grafiken/zahlen_und_grafiken.jsp. Zugegriffen: 20. Sept. 2023.
OptiMedis. (2023). Eigene Ausarbeitung in einem „Starterpaket Gesundheit". Starterpaket
  Gesundheitskiosk. optimedis.de. Zugegriffen: 22. Sept. 2023.
PKV-Verband. (2023). Mitglieder des PKV-Verbands. https://www.pkv.de/verband/ueber-
  uns/mitglieder-pkv-verband/. Zugegriffen: 20. Sept. 2023.
Schäfer, M. (2012). Daseinsvorsorge. Gabler: Wirtschaftslexikon.https://wirtschaftslexi
  kon.gabler.de/definition/daseinsvorsorge-28469/version-384680. Zugegriffen: 23. Sept.
  2023. Revision von *Daseinsvorsorge* vom *26.07.2021 – 16:16*.

Betreibermodelle von Gesundheitskiosken

6

Helmut Hildebrandt, Anja Stührenberg und Michael Wessels

Wer einen Gesundheitskiosk betreiben möchte, muss eine Trägergesellschaft mit eigener Rechtspersönlichkeit gründen. Sie übernimmt die juristische Vertretung nach innen und außen und schließt beispielsweise Dienstleistungs- und Personalverträge ab. Gründer können aktuell sowohl eine als auch mehrere Organisationen ein, wie zum Beispiel Wohlfahrtsverbände, Praxisnetze und Krankenhäuser, aber auch private Unternehmen oder Hochschulen. Auch eine Kommune könnte zukünftig nicht nur Gebrauch von ihrem Initiativrecht machen, sondern auch in die Trägergesellschaft eines Gesundheitskiosks einsteigen. (BMG 2022)

Je nach Zweck der Gesellschaft und Anzahl der Gesellschafter sollte die Rechtsform der Trägergesellschaft gewählt werden. Denkbar ist eine Gesellschaft mit beschränkter Haftung (GmbH) oder gemeinnützige Gesellschaft mit beschränkter Haftung (gGmbH), eine eingetragene Genossenschaft (eG) oder ein eingetragener Verein, dessen Vorstand dann allerdings gewisse Haftungsrisiken eingehen müsste.

Hinsichtlich des Gesellschafter- oder Mitgliederkreises oder des Zwecks der Gesellschaft sollte geprüft werden, ob sie ausschließlich für den Leistungsbereich Gesundheitskiosk gegründet wird oder perspektivisch weitere Leistungsbereiche übernimmt, wie etwa das Management von Präventions- und Versorgungsprogrammen sowie von Forschungs- und Studienprojekten, von medizinischen Dienstleistungen oder auch die Geschäftsführung eines Medizinischen Versorgungszentrums. Außerdem sollte geprüft werden, ob Kredite aufgenommen und Investitionen getätigt und zu ihrer Tilgung in den Folgejahren Gewinne erzielt werden sollen. Wenn nicht, könnte die Trägergesellschaft beim Finanzamt

Gemeinnützigkeit beantragen, um sich von der Zahlung der Körperschafts- und Gewerbesteuer zu befreien.

Die Trägergesellschaft sollte fakultativ auch über ein Steuerungs- oder Lenkungsgremium verfügen, in dem die Trägergesellschaft und die Hauptfinanziers eines Gesundheitskiosks, also beispielsweise Krankenkassen und Kommune, vertreten sind. Die Aufgaben eines solchen Gremiums umfassen vor allem strategische Angelegenheiten, beispielsweise das Überprüfen der Vertragsziele oder die Empfehlung für die Weiterentwicklung der Leistungen des Gesundheitskioskes. Darüber hinaus können in diesem Gremium strittige Fragen zwischen Gesellschaftern und Kostenträgern erörtert werden.

Obligatorisch vorgeschriebene Organe sind – am Beispiel einer GmbH – die Geschäftsführung und die Gesellschafterversammlung. Dabei obliegt es der Gesellschafterversammlung, die Geschäftsführung zu überwachen und den Jahresabschluss festzustellen.

Die Trägergesellschaft kann nach aktuellem Stand, also noch vor dem Inkrafttreten des GVSG, bilaterale Verträge mit jedem einzelnen Finanzier eines Gesundheitskiosks schließen. Aktuell erfolgt dies zumeist mit einem Vertrag nach § 140a SGB V („Besondere Versorgung") durch Krankenkassen und Förderverträgen durch die Kommunen. Solche Verträge sollten unter anderem die Zielsetzung, Aufgaben und Pflichten der Trägergesellschaft, Leistungsbereiche des Gesundheitskiosks sowie Vergütung und Teilnahme der Versicherten regeln.

Zukünftig wäre nach dem Inkrafttreten des neuen Gesetzesvorhabens vorgesehen, dass die Landesverbände der gesetzlichen Krankenkassen und privaten Krankenversicherungen gemeinsam und einheitlich, d. h. verpflichtend für alle gesetzlichen und privaten Krankenversicherungen, mit einem Kreis oder der kreisfreien Stadt auf deren Verlangen einen Vertrag nach dem § 65 g SGB V schließen. Die Verpflichtung besteht nur, sofern sich der Kreis oder die kreisfreie Stadt mit 20 % an den Kosten beteiligen und eine enge Zusammenarbeit mit dem Öffentlichen Gesundheitsdienst (ÖGD) gewährleistet ist. (BMG 2023a)

Für die Abbildung der vertraglichen Struktur der Trägergesellschaft und der Regelung zur organisationalen und disziplinarischen Verantwortung, bietet sich die Festlegung eines Organigramms an (siehe Abb. 6.1). Unterhalb der Ebene der Trägergesellschaft ist der eigentliche Geschäfts- und Leistungsbereich Gesundheitskiosk angesiedelt. Der Gesundheitskiosk selbst hat keine eigene Rechtspersönlichkeit. Die Trägergesellschaft ist Dienstherrin der Mitarbeitenden des Gesundheitskiosks, der somit ein Geschäfts- oder Leistungsbereich der Trägergesellschaft ist. (BMG 2023b)

Je nach Bedarf der Klient*innen und auch nach Ausrichtung der Trägergesellschaft, können auch die Aufgabenfelder und das Leistungsspektrum

ORGANIGRAMM: GESUNDHEITSKIOSK

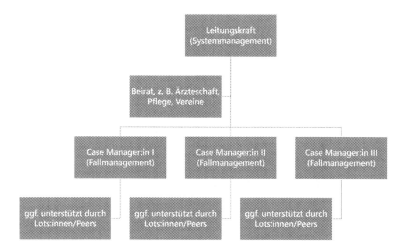

Abb. 6.1 Mögliches Organigramm einer Trägergesellschaft. (Quelle: © OptiMedis, 2022)

im Betreibermodell unterschiedlich ausfallen, wenngleich auch immer die notwendige Neutralität des Betreibers in Bezug auf das Leistungsangebot gewährleistet sein muss. So sollte beispielsweise ein Praxisnetz oder ein Wohlfahrtsverband, der sich in der Trägergesellschaft verankert, nicht per se die Leistungen seiner Organisation an die Klient*innen vermitteln. Es geht vielmehr darum, eine neutrale Rolle in der Beratung und Unterstützung auch in unterschiedlichen Betreibermodellen zu wahren und diese sowohl nach innen als auch nach außen zu vermitteln. Grundsätzlich sollte sich das Betreibermodell am Case- und Care-Management-Ansatz orientieren, indem Aspekte des Systemmanagements mit den umliegenden Netzwerk-Akteur*innen und das konkrete Fallmanagement und die Fallberatung eine zentrale Rolle spielen. Die Trägergesellschaft kann dafür eine Leitungskraft stellen, die aus dem Gesundheits- und Pflegefachbereich bzw. aus dem Sozialraummanagement, welche die fachliche und disziplinarische Führung der Gesundheitsberater*innen – oder auch Case-Manager*innen genannt – übernehmen kann. Auch die inhaltliche Weiterentwicklung des Leistungsspektrums und die Vernetzung des Gesundheitskiosks würde einer solchen Leitungskraft obliegen.

Auch weitere, für die Arbeit des Gesundheitskiosks relevante Gruppen sollten eingebunden werden, möglich etwa über die Gründung eines Beirats: Ärzt*innen und Mitarbeiter*innen aus der Pflege oder von Bildungs- und Sozialeinrichtungen sowie dem Öffentlichen Gesundheitsdienst (ÖGD) könnten darin vertreten sein. Der Beirat wäre damit ein strategisches Instrument, um die Vernetzung zu den verschiedenen Anspruchsgruppen zu formalisieren. Für die Initiierung und Moderation des Beirats könnte die Leitungskraft des Kiosks verantwortlich sein. Dieser Beirat kann auch verbunden sein mit bestehenden sozialräumlichen Strukturen wie Sozialraumkonferenzen (Kap. 7).

Literatur

BMG – Bundesministerium für Gesundheit. (2022). Eckpunkte für Gesundheitskioske. https://www.bundesgesundheitsministerium.de/presse/pressemitteilungen/regierung-plant-gesundheitskioske-deutschlandweit-lauterbach-praesentiert-eckpunkte-fuer-gesetz esinitiative.html. Zugegriffen: 20. Sept. 2023.

BMG – Bundesministerium für Gesundheit. (2023a). Entwurf eines Gesetzes zur Stärkung der Gesundheitsversorgung in der Kommune (Gesundheitsversorgungsstärkungsgesetz – GVSG). Referentenentwurf vom 15.06.2023. https://www.bundesgesundheitsministerium.de/service/begriffe-von-a-z/g/gesundheitskiosk.html. Zugegriffen: 16. Aug. 2023.

BMG – Bundesministerium für Gesundheit. (2023b). Gesundheitskiosk. https://www.bundesgesundheitsministerium.de/service/begriffe-von-a-z/g/gesundheitskiosk.html. Zugegriffen: 16. Aug. 2023.

OptiMedis. (2022). Mögliches Organigramm einer Trägergesellschaft

Der Gesundheitskiosk im Sozialraum 7

Heike Köckler

Gesundheitskioske sollen Zugänge zum Gesundheitssystem erleichtern und einen Beitrag leisten, um soziale und gesundheitliche Ungleichheiten zu verringern. Die Idee sieht im Kern vor, dass Menschen im Setting Kommune (siehe Info-Box „Settingbezogene Ansäzte"), also an den Orten, an denen sie wohnen, arbeiten oder ihre Freizeit verbringen, Zugänge zu gesundheitlicher Versorgung, Prävention und Gesundheitsförderung erhalten. Standorte für Gesundheitskioske werden derzeit vor allem im ländlichen Raum oder in Stadtteilen mit einer hohen Anzahl an Bewohner*innen mit geringem Einkommen, internationaler Familiengeschichte oder/und geringer Gesundheitskompetenz diskutiert. Die in Städten adressierten Menschen wohnen aus unterschiedlichen Gründen, die in der Stadtentwicklung als Segregation bezeichnet werden, in bestimmten Sozialräumen (siehe Info-Box „Segregation"). Da einerseits unterschiedliche Sozialräume in Städten und im ländlichen Raum adressiert werden, ist die jeweilige Situation vor Ort zu betrachten. Bei der Zielsetzung und damit der Ausgestaltung des Aufgaben- und Leistungsspektrums eines Gesundheitskiosks macht es einen Unterschied, ob der Gesundheitskiosk Zugänge zum Gesundheitssystem in einem von Überalterung betroffenen Dorf, von dem die nächste Kleinstadt rund 30 km entfernt ist, schaffen soll oder ob er eine sehr diverse Bevölkerung in einem stark verdichteten Gebiet adressiert, in dem in einem Radius von 20 km eine Vielzahl an gesundheitlichen Angeboten bestehen. Ein Gesundheitskiosk ist somit keine neue Einrichtung im Gesundheitssystem, die mit gleichem Angebot, Personalprofil oder Betreibergesellschaft in ganz Deutschland multipliziert werden kann. Der Sozialraum – das Quartier, die Lebenswelt, die Kommune -, in dem ein Gesundheitskiosk sein Angebot bereitstellt, prägt das Angebot und ergänzt damit individuell die vor Ort bestehenden Strukturen und Angebote.

H. Köckler et al., *Gesundheitskiosk*, essentials, https://doi.org/10.1007/978-3-658-43666-7_7

Settingbezogene Ansätze

„Ein Setting – im deutschen Sprachraum auch als „Lebenswelt" bezeichnet – ist ein Sozialzusammenhang, in dem Menschen sich in ihrem Alltag
aufhalten und der Einfluss auf ihre Gesundheit hat. Dieser soziale Zusammenhang ist relativ beständig und seinen Mitgliedern auch bewusst."
(Hartung & Rosenbrock, 2022).

Für Gesundheitsförderung und Prävention ist der Settingansatz zentral
und bereits Mitte der 1980er Jahre von der Weltgesundheitsorganisation in
der Ottawa Charta beschrieben worden: *„Gesundheit wird von Menschen in
ihrer alltäglichen Umwelt geschaffen und gelebt: dort, wo sie spielen, lernen,
arbeiten und lieben)* (WHO, 1986).

Klassische Settings für Kinder sind KiTa und Schule, für Arbeitende
der Betrieb. An diesen Settings orientieren sich verschiedene Ansätze der
Gesundheitsförderung und Prävention. Mit der Ausweitung des Präven-
tionsgesetzes auf das Setting Kommune wurde der Tatsache Rechnung
getragen, dass nicht alle Menschen in den institutionalisierten Settings von
KiTa, Schule und Betrieb erreicht werden können. Insbesondere Erwach-
sene, die aufgrund von Alter, Krankheit oder/und Arbeitslosigkeitslosigkeit
nicht mehr in Betrieben sind und Kinder, die noch nicht in KiTas sind, werden somit nicht erreicht. Daher sind Gesundheitsförderung und Prävention
auch im Setting Kommune möglich. Der Gesundheitskiosk verfolgt diesen
Ansatz konsequent weiter (Hartung & Rosenbrock, 2022).

Segregation

Segregation steht für eine sozial-räumliche Konzentration von Bevölkerung
in Städten, die mit bestimmten Merkmalen wie Einkommen, Staatsan-
gehörigkeit oder Alter beschrieben werden kann. Segregation beschreibt
Stadtteile im relativen Vergleich einer Stadt. Soziale Segregation beschreibt
hierbei die Unterschiede im Einkommen und kontrastiert im städtischen
Vergleich Stadtteile mit reicher und armer Bevölkerung. Demographische
Segregation steht für Unterschiede zwischen Stadtteilen hinsichtlich des
Alters (jung und alt) und der Haushaltsstruktur (Haushalte mit Kindern,
Single Haushalte, Haushalte ohne Kinder) sowie ethnische Segregation
(Nationalität oder internationale Familiengeschichte).

Häufig sind Menschen mit geringeren Einkommen, geringerer Bildung und Sprachbarrieren stärker von einem schlechteren Gesundheitszustand und einer geringeren Lebenserwartung betroffen. Dies liegt auch an den Wohn- und Lebensbedingungen in den Stadtteilen, die als sozial benachteiligt bezeichnet werden.
Segregation kann nicht generell als negativ bezeichnet werden. Gerade im Sinne einer „Arrival City" (Ankunftsstadt) können Kontakte zu Communities des eigenen Herkunftslandes das Ankommen in der Stadt erleichtern. Wichtig ist hierbei, dass es Möglichkeiten gibt, Ankunftsquartiere auch wieder zu verlassen. Nicht selten ist auch bei höherer Bildung und gesteigertem Einkommen die freie Wahl einer Wohnung aufgrund von Diskriminierungsmechanismen auf dem Wohnungsmarkt, denen sich Menschen mit nicht-deutschen Nachnamen oder nicht weißer Hautfarbe immer wieder konfrontiert sehen, eingeschränkt.

Bei der Konzeptionierung von Gesundheitskiosken ist das Spannungsfeld von Daseinsvorsorge als kommunaler Aufgabe und Prävention, Gesundheitsförderung und Versorgung als Aufgaben der Krankenkassen (siehe Info-Box „Krankenkassen" und „Daseinsvorsorge") sowohl im städtischen als auch im ländlichen Raum mitzudenken. Bedeutend ist hier ein Verständnis, dass je nach Ausprägung individueller Ressourcen und struktureller Barrieren Menschen in Stadt und Land gesundheitlich unterschiedlich benachteiligt sein können (ARL, 2016).
Zur Konzeptionierung eines Gesundheitskiosks ist daher eine Sozialraumanalyse durchzuführen, die zentrale Akteur*innen vor Ort einbeziehen sollte. Die folgende Info-Box stellt exemplarisch zentrale Fragen einer sozialraumbezogenen Analyse dar. Für die Analyse können sowohl quantitative Daten ausgewertet als auch qualitativ Daten erhoben werden. Je nach Communities im Sozialraum sind verschiedene Methoden zu wählen (vgl. Köckler, 2019. Hierzu können und sollten insbesondere auch partizipative Forschungsmethoden gehören.

Mithilfe einer Analyse des Sozialraums kann das Angebot des Gesundheitskiosks unterstützt werden.

- Wie ist die gesundheitliche Situation im Sozialraum? (Auswertung der Gesundheitsberichterstattung, Daten der kassenärztlichen Vereinigung

oder von Krankenkassen, ggf. Landesausschüsse der vertags-(zahn-)
ärztlichen Versorgung)
- Welche Leistungserbringer gibt es vor Ort? (Daten der kassenärztli-
  chen Vereinigung oder von Krankenkassen, Online-Recherche sowie
  Befragung vor Ort)
- Welche Vereine und Institutionen gibt es vor Ort? (Vereinsregister,
  Befragung vor Ort)
- Wie ist die Bevölkerungsstruktur? Welche Sprachen werden vor Ort
  gesprochen? Wieviel Transferleistungsbezieher gibt es? (Auswertung der
  Sozialstatistik, Befragung bspw. von Leher*innen, Daten der Arbeits-
  agenturen)
- Welches Einzugsgebiet hat der Gesundheitskiosk?
- Wo halten sich Menschen im Sozialraum auf? (Schule, Betrieb, Park,
  religiöse Orte, Friedhof, Sportplatz, Bäcker, Job-Center...)
- ...

Zu den Aufgaben der Mitarbeiter*innen eines Gesundheitskiosks gehört es, ein
Netzwerk im Bereich Gesundheit und mit anderen Sozialraumakteur*innen zu
spinnen. Akteure, die Teil des Netzwerks sein können, sind nicht nur die Leistungserbringer im Gesundheitssystem, sondern auch andere Akteure, die im
weitesten Sinne Determinanten von Gesundheit beeinflussen (Köckler, 2019,
6 ff.). Hierzu zählen beispielsweise kommunale Ämter für Stadtentwicklung, Ver-
kehr, Integration, Job-Center, Wohlfahrtsverbände, Sportvereine, Patient*innen
oder Migrant*innen Selbstorganisationen. In manchen Städten oder Stadtteilen
gibt es Sozialraumkonferenzen, in denen diese Akteuer*innen bereits organisiert
sind (siehe Info-Box „Das Gesundheitsnetzwerk Bochum-Wattenscheid").

Das Gesundheitsnetzwerk in Bochum-Wattenscheid
Der Stadtteil Bochum-Wattenscheid wurde von der Stadtverwaltung
Bochum als ein sogenannter Stadtteil mit besonderem Erneuerungsbedarf
identifiziert. Die im städtischen Vergleich schlechtere gesundheitliche Lage
von Teilen der Bevölkerung war ein Grund für die Auswahl des Stadtteils
für die Städtebauförderung. Der Aufbau eines Gesundheitsnetzwerkes ist
eine Zielsetzung zur Verbesserung der gesundheitlichen Situation vor Ort.
    Das Gesundheitsnetzwerk wird vom Quartiersmanagement aufgebaut
und begleitet. Es schließt neben anderen Leistungserbringer*innen des

Stadtteils, Schulen, KiTas, Sportvereine, den Stadtsportbund, Wohlfahrtsverbände, Migrantenselbstorganisationen und Hochschulen ein. Um das Netzwerk nach innen zu stärken und nach außen sichtbar zu machen, werden regelmäßig Gesundheitswochen angeboten. In Bochum-Wattenscheid finden mehrmals im Jahr Sozialraumkonferenzen statt. Einmal jährlich tagt die Sozialraumkonferenz explizit zum Thema Gesundheit.

Koordiniert vom Gesundheitsamt wurde ein Verbund aus lokalem Krankenhaus, Ärztenetzwerk, Wohlfahrtsverband und Hochschulen, Quartiersmanagement und Stadtplanungsamt aufgebaut, der den Aufbau eines Gesundheitskiosks, inspiriert durch das Innovations-Fonds Projekt in Hamburg, verfolgt (siehe Kap. 2). Die Konzeption des Gesundheitskiosks wurde in einer frühen Phase in der Sozialraumkonferenz mit den Akteur*innen vor Ort erörtert.

Aus dem Netzwerk heraus wurde ebenfalls das Präventionsprojekt „Gesund durch Bewegung in Wattenscheid" mit Stadtsportbund, Gesundheitsamt, Quartiersmanagement und Hochschule für Gesundheit, finanziert im Programm „Gesunde Kommune" der Techniker Krankenkasse, auf den Weg gebracht. (https://www.fit-in-wat.de/, Zugegriffen 22.09.2023). Im Fokus steht hier die Etablierung eines Angebotes auf öffentlichen Flächen, die im Rahmen der Stadterneuerung entwickelt werden (Köckler et al., 2022).

Die Wahl des Standortes eines Gesundheitskioskes hängt von verschiedenen Faktoren ab. Das Angebotsspektrum bestimmt die Anforderungen an den Standort und die zu wählenden Räume. Eine gute Verkehrs-Anbindung über den öffentlichen Nahverkehr oder zu Fuß ist für die Niedrigschwelligkeit bedeutend. Wichtig ist auch eine Kopplung mit anderen Nutzungen, wie Einzelhandel oder Einrichtungen der gesundheitlichen Versorgung, sofern vorhanden. Ein Gesundheitskiosk kann an eine bestehende Einrichtung der Gesundheitsversorgung (z. B. Medizinische Versorgungszentren, Gemeinschaftspraxen, Pflegeeinrichtungen, Apotheken) angegliedert sein. Bislang sind die Gesundheitskioske bspw. in Hamburg und Essen in umgebauten Ladenlokalen angesiedelt. Hier sind die Möglichkeiten für vertrauliche Beratung, Videosprechstunde, Sanitäreinrichtungen, Behandlungsraum für die Durchführung einfacher medizinischer Routineaufgaben wie z. B. Blutdruck und Blutzucker messen, Verbandwechsel, Wundversorgung und subkutane Injektionen und die Möglichkeit zur Nutzung eines Gruppenraums für Schulungen aber auch Bewegungsangebote sinnvoll.

Im ländlichen Raum kann es – wie in Thüringen (siehe Info-Box „Beispiel Seltenrain im Unstrut-Hainich-Kreis")– erforderlich sein, Gesundheitskioske in speziellen neu errichteten Gebäuden zu realisieren. Hier wird die Nähe zu einer Bushaltestelle als Standortfaktor herangezogen. In vielen städtischen Quartieren, die von sozialer Ungleichheit bei Gesundheit betroffen sind, ist auch die ökonomische Situation des Stadtteils schwach und Leerstand von Ladenlokalen keine Seltenheit. Dies erleichtert die Anmietung.

Literatur

ARL (Akademie für Raumforschung und Landesplanung). (2016). Daseinsvorsorge und gleichwertige Lebensverhältnisse neu denken. Perspektiven und Handlungsfelder. Positionspapier aus der ARL 108. Akademie für Raumforschung und Landesplanung, Hannover. https://www.arl-net.de/system/files/media-shop/pdf/pospaper_108.pdf.

Hartung, S., & Rosenbrock, R. (2022). Settingansatz–Lebensweltansatz. In: Bundeszentrale für gesundheitliche Aufklärung (BZgA) (Hrsg.). *Leitbegriffe der Gesundheitsförderung und Prävention. Glossar zu Konzepten, Strategien und Methoden.* https://doi.org/10. 17623/BZGA:Q4-i106-2.0.

Köckler, H., Lottermoser, A., & Sprünken, M. (2022). Bochum-Wattenscheid Mitte: Integrierte gesundheitsfördernde Stadtteilentwicklung. In Department of Community Health (Hrsg.), *Community health.* BeltzJuventa.

Köckler, H. (2019). Sozialraum und Gesundheit. In R. Haring (Hrsg.), *Gesundheitswissenschaften.* Springer. https://doi.org/10.1007/978-3-662-54179-1_48-1.

WHO – Weltgesundheitsorganisation (Hrsg.) (1986): Ottawa-Charta zur Gesundheitsförderung. http://www.euro.who.int/__data/assets/pdf_file/0006/129534/Ottawa_Charter_G. pdf (09.03.2016).)

Beispiele für Gesundheitskioske

8

Helmut Hildebrandt und Anja Stührenberg

Jede Region ist genauso wie ihre Bevölkerung verschieden und dementsprechend muss auch jeder Gesundheitskiosk eine eigene Ausrichtung haben. Deshalb ist es so wichtig, dass die Rahmenbedingungen in der jeweiligen Region analysiert werden, bevor mit dem Aufbau eines Gesundheitskiosks gestartet werden kann. Nur so können alle regionalen Bedarfe und Anforderungen in der Umsetzung Berücksichtigung finden und der Gesundheitskiosk schließlich einen echten Mehrwert für die Bevölkerung schaffen (vgl. Köckler et al. 2022).

Eine besondere Situation bei der Konzeption eines Gesundheitskiosks liegt in der Interdisziplinarität der beteiligte Akteur*innen und der Vielfalt an zu berücksichtigenden Einflussfaktoren. Konkret heißt das, es reicht nicht, einen Blick ausschließlich auf die medizinische Versorgung in der Region zu werfen. Vielmehr müssen alle Angebote der sozialen, kurativen und pflegerischen Infrastruktur in das Gesamtbild der Ausgangssituation mit einfließen. Neben der Gesundheitsversorgung ist es von großer Bedeutung, die Ressourcen einer Region sowie die Bevölkerung vor Ort optimal einschätzen zu können, um zu verstehen, wie ein zielgruppengerechter Gesundheitskiosk ausgerichtet sein muss.

So ergeben sich per se aus der Analysesituation bereits unterschiedliche Ausrichtungsarten von Gesundheitskiosken. Vor allem für die typischen Charakteristika im ländlichen und städtischen Raum gilt es, dieses zu berücksichtigen.

Eine Option für den ländlichen Raum

Der ländliche Raum ist in der Regel durch die folgenden Bedarfe und Besonderheiten charakterisiert:

H. Köckler et al., *Gesundheitskiosk*, essentials,
https://doi.org/10.1007/978-3-658-43666-7_8

- Niedrigere (Fach-)Arztdichte/Fachkräftemangel
- Höhere Anzahl älterer, chronisch erkrankter Menschen, die zusätzlich psychosozial belastet sind, beispielsweise durch Vereinsamung und Immobilität
- Abbrechende Versorgungspfade vom stationären in den ambulanten Bereich
- Weite Fahrtwege, schlecht ausgebauter öffentlicher Personennahverkehr
- Weite Wege zu nächstgelegenen Krankenhäusern und Versorgungszentren

In ländlich geprägten Regionen kann ein Gesundheitskiosk in anderer Ausgestaltungsform als im großstädtischen Kontext enorm zur Verbesserung der Gesundheit einer ganzen Region beitragen. Die gesundheitlichen und sozialen Bedarfe der Menschen in ländlichen Regionen sind andere als im städtischen Raum und müssen insofern in der Entwicklung des Versorgungsangebots mitbedacht werden. Aufgrund dieser Besonderheiten ist es sinnvoll, in ländlichen Regionen nicht nur einen Gesundheitskiosk einzurichten, sondern mehrere kleinere Filialen, sodass auch immobile Bürger*innen die Angebote nutzen können. Dieses Konzept wird z. B. aktuell in Thüringen von der „Gesundes Landleben GmbH" umgesetzt, an der OptiMedis beteiligt ist (OptiMedis, 2023). Für immobile Bürger*innen können darüber hinaus auch aufsuchende, mobile und/oder telemedizinische Angebote sinnvoll sein.

Die digitale Anbindung der Kioske an Facharztpraxen, Medizinische Versorgungszentren (MVZ) oder Krankenhäuser der Umgebung kann gerade im ländlichen Raum sehr sinnvoll sein. Die Vitaldaten der Patient*innen können (digital) an die Versorgungseinheiten in größeren Städten weitergegeben werden, wodurch Fahrtwege eingespart werden. Ein beispielhaftes Verfahren kann dabei so aussehen, wie es für die durch kleine Dörfer geprägte Region Seltenrain im Unstrut-Hainich-Kreis vorgesehen ist (siehe Abb. 8.1).

Beispiele für städtische Räume

In städtischen Kontexten mit tendenziell sozioökonomischer benachteiligten Sozialstruktur, z. B. in bestimmten Stadtteilen und Randgebieten, sollten folgende Faktoren besonders beachtet werden:

- Hoher Anteil an Transferleistungen nach SGB II, hohe Arbeitslosenquote, geringes Bildungsniveau, geringes Einkommen
- Hoher Anteil an Kinder- und Jugendarmut
- Hoher Bedarf an psychosozialer Hilfe sowie Sucht- und Stressbewältigung
- Klient*innen mit Flucht- und Migrationserfahrungen

Gesundheitskiosk im ländlichen Umfeld

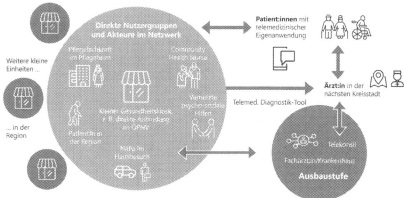

Abb. 8.1 *Beispiel* Region Seltenrain im Unstrut-Hainich-Kreis. (Quelle: © OptiMedis, 2022a, b)

- Hoher Anteil an Klient*innen mit komplexen medizinischen und sozialen Versorgungsbedarfen
- Geringer Grad an Gesundheitskompetenz
- Größere räumliche Nähe

Ausgerichtet auf die jeweilige Bevölkerungsstruktur in städtischen Quartieren wird auf Basis von geeigneten Kriterien zur Definition sozialer Vulnerabilität (oder auch: Deprivationsfaktoren) das Leistungsangebot entwickelt. Es sollte wohnortnah sein, aufsuchend und bzw. oder mit einem konkreten Quartiers- bzw. Gemeindebezug entstehen. Auch das Thema Niedrigschwelligkeit muss in Bezug auf die Versorgungsebenen geklärt werden, damit Menschen in allen Fragen zur Gesundheit, zu sozialen Problemlagen und zur Gesundheitsförderung beraten werden können – und das in möglichst verschiedenen Sprachen. So kann das speziell geschulte Personal im Gesundheitskiosk im Sinne eines niedrigschwelligen Case- und Systemmanagements für die Klient*innen zum Beispiel Arztbesuche vor- und nachbereiten, die Klient*innen zu mehr Selbstmanagement aktivieren, spezielle Gesundheitskurse und -programme anbieten (insbesondere für vulnerable Gruppen, Migranten und chronisch Kranke) und Hilfe im Stadtteil vermitteln. Ist der Gesundheitskiosk dann noch in ein lokales Netzwerk eingebettet, kann er nicht nur dazu beitragen, die niedergelassenen

Ärzt*innen und Notfallambulanzen der Krankenhäuser zu entlasten, sondern auch die Versorgungsqualität entlang des gesamten Behandlungspfades von Patient*innen zu verbessern.

In einer städtischen Region eignen sich am besten stark frequentierte zentrale Plätze als Standort für einen Gesundheitskiosk. Und auch hier kann es sinnvoll sein, weitere Filialen einzurichten, um auch weniger mobilen Menschen den Besuch zu ermöglichen. Ggf. können hierfür alternativ auch die vorhandenen Einrichtungen der Gesundheitsversorgung wie Arzt- und Therapiepraxen, Apotheken oder Pflegedienste genutzt werden. Auch die sozialen Einrichtungen könnten Räumlichkeiten und Beratungsstunden anbieten. Eine dezentrale Ebene sollte im städtischen Kontext ebenfalls mitgedacht werden, wodurch Klient*innen in der Häuslichkeit oder an anderen Orten der Gesundheits- und Sozialversorgung unterstützt werden können. Auch hier sind mobile und bzw. oder telemedizinische Angebote sinnvoll. Dieses lässt sich z. B. durch Multiplikatoren eines Gesundheitskioks –sogenannte Gesundheitslots*innen – ermöglichen. Konkret lässt sich das am Beispiel illustrieren, wie es u. a. von OptiMedis im ersten Gesundheitskiosk in Deutschland, in den Stadtteilen Billstedt und Horn in Hamburg (Fischer et al, 2018; OptiMedis, 2022a, b) aufgebaut worden war (siehe Abb. 8.2).

Inzwischen lassen sich eine Reihe von Beispielen ähnlicher Art beschreiben, so u. a. die wesentlich von der AOK Rheinland/Hamburg konzipierten

Gesundheitskiosk im städtischen Umfeld

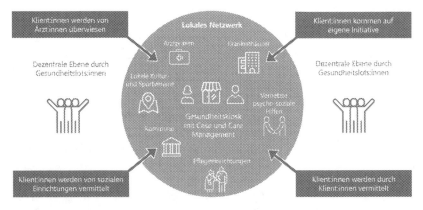

Abb. 8.2 Erster Gesundheitskiosk in Deutschland (in den Stadtteilen Billstedt und Horn in Hamburg). (Quelle: © OptiMedis, 2022a, b)

Gesundheitskioske in Aachen, in Essen, in Köln und in einem weiteren sozioökonomisch benachteiligten Stadtteil von Hamburg (Lurup) (AOK Rheinland/Hamburg, 2023). Im Vorgriff auf die gesetzliche Ermöglichung durch das GVSG hat die AOK hier jeweils neben der Vorbereitungsarbeit die Finanzierung zu 50 % getragen und dies auch für die Versicherten anderer Krankenkassen. In Wattenscheid (Bochum) ist aktuell ebenfalls ein Gesundheitskiosk im Entstehen, hier in Verbindung mit einem lokalen Netzwerk von Akteuren im Gesundheitswesen und getragen von der Arbeiterwohlfahrt Ruhr sowie OptiMedis und finanziert hälftig von der AOK Nordwest sowie der Stadt Bochum. (siehe Info-Box „**Das Gesundheitsnetzwerk in Bochum-Wattenscheid"** in Kap. 7).

Literatur

AOK Rheinland/Hamburg. (2023). Regionale Versorgung: Gesundheitskiosk. Hamburg. https://www.aok.de/pk/rh/regionale-versorgung-gesundheitskiosk/. Zugegriffen: 23. Sept. 2023.

Fischer, A., Lorenz, I., Hildebrandt, H., Heinrich, D., & Fass, G. (2018). Gesundheitskiosk als Kooperationsschnittstelle medizinischer und sozialer Versorgung. In R. Fehr & A. Trojan (Hrsg.), *Nachhaltige StadtGesundheit Hamburg II* (S. 504–510). Oekom. https://www.oekom.de/buch/nachhaltige-stadtgesundheit-hamburg-9783962380595. Zugegriffen: 22. Sept. 2023.

Köckler, H., Lottermoser, A., & Sprünken, M. (2022). Bochum-Wattenscheid Mitte: Integrierte gesundheitsfördernde Stadtteilentwicklung. In: Department of Community Health (Hrsg.), Community Health. BeltzJuventa, Weinheim. https://www.beltz.de/fachmedien/sozialpaedagogik_soziale_arbeit/produkte/details/47612-community-health.html. Zugegriffen: 22. Sept. 2023.

OptiMedis. (2023). Gesundes Landleben. Gesundes Landleben – OptiMedis. Zugegriffen: 22. Sept. 2023.

OptiMedis. (2022). Gesundheitskiosk Billstedt/Horn: G-BA empfiehlt Übernahme in die Regelversorgung.

OptiMedis. (2022). Beispiel Region Seltenrain im Unstrut-Hainich-Kreis.

Fazit und Ausblick

9

Heike Köckler, Helmut Hildebrandt, Anne Roll
und Michael Wessels

Der Erfolg von Gesundheitskiosken hängt stark von der Qualifikation des entsprechenden Personals ab. Die Mitarbeitenden in diesen Einrichtungen müssen über das notwendige Wissen und die Fähigkeiten verfügen, um den Patient*innen angemessene Beratung und Unterstützung zu bieten. Dies erfordert eine sorgfältige Schulung und Weiterbildung des Personals. Neben dieser Qualifizierung wird zukünftig die Förderung einer weitgehenden Kooperation und Integration der verschiedenen Gesundheitsberufe im Gesundheitswesen notwendig, um eine durchgängige, bedarfsgerechte und qualitativ hochwertige Versorgung und Ausrichtung auf die bestmögliche Gesundheitsunterstützung der regionalen Bevölkerung sicherzustellen. Eine enge Kooperation zwischen Gesundheitskiosken und Medizinischen Versorgungszentren, in denen therapeutische, soziale und pflegerische Berufe sowie Ärzt*innen zusammenarbeiten, soll die bestehende Lücke zwischen den Berufsgruppen schließen und die Patientenversorgung effizienter gestalten. Das Versorgungskonzept lebt davon, dass eine gut funktionierende Netzwerkstruktur in den unterschiedlichsten Sozialräumen aufgebaut wird und die beteiligten Netzwerkakteur*innen inmitten der zu erwartenden oder bereits eingetretenen Fachkräfteknappheit damit gleichermaßen entlastet werden.

Gesundheitskioske werden eine Schlüsselrolle spielen in der notwendigen Transformation der heutigen Gesundheitsversorgung, die auf bereits eingetretene Erkrankungen ausgerichtet ist, hin zu regionalen Gesundheitslösungen, die auf Gesundheitsvorsorge und -aufklärung sowie auf die Kompression und Verringerung von Krankheitslasten orientiert ist. Im Fokus steht hierbei insbesondere auch die Verringerung sozialer Ungleichheit bei Gesundheit. In den Gesundheitskiosken und den mit ihnen verbundenen Einrichtungen und ihren Außenstellen werden Menschen niedrigschwellig so unterstützt und mit anderen Gesund-heitseinrichtungen und -diensten vernetzt und verbunden, dass Krankheiten frühzeitiger als bisher erkannt, ihre Progression verhindert und die Lebensqualität von Menschen mit unterschiedlichen Gesundheitsproblemen verbessert werden kann. Dies wird dazu beitragen, die Lebensqualität der Menschen insgesamt zu verbessern, die knappen ärztlichen Ressourcen zielgerichtet einzusetzen und die erwarteten Steigerungen der Gesundheitskosten messbar zu senken.

Die aktuell zu vernehmende Kritik an diesem neuen Gestaltungselement kann in den kommenden Monaten konstruktiv gewendet werden. Gerade von ärztlicher Seite wird zunehmend dazu aufgefordert, in der jeweiligen Region eine solche Einrichtung als zwingend erforderliche Entlastung aufzubauen. Dabei wird es nicht eine Lösung für alle Regionen geben, sondern es werden sich regional jeweils spezifisch ausgerichtete Arrangements ergeben, die auch von unterschiedlichen Betreibern aus getragen werden. Neben den Kommunen selber kommen dabei Wohlfahrtsorganisationen aber auch alle Leistungserbringer und Akteure im Gesundheitswesen als mögliche Initiatoren und Betreiber in Betracht. Die Einbindung von Akteuer*innen, die vor Ort bereits Teil des Gesundheitswe-sens sind, kann die von einigen befürchteten Doppelstrukturen bereits im Ansatz vermeiden.

Auch wenn der Referentenentwurf des Gesundheitsversorgungsstärkungsge-setzes mit seinen Regelungen für die Gesundheitskioske zum Zeitpunkt der Drucklegung dieser Broschüre noch kleinere Schwächen aufweist, so ist doch abzusehen, dass diese eher Detailfragen betreffen und sie einer Realisierung nicht ernsthaft im Wege stehen. Im Gegenteil ist eher zu erwarten, dass sowohl in dieser wie aber auch der nächsten Legislatur das Modell der Gesundheitskioske in Verbindung mit dem Konzept der „Gesundheitsregionenverträge" weiter aus-gearbeitet und eine der zentralen Stützen der oben skizzierten Transformation einnehmen wird.

Was Sie aus diesem *essential* mitnehmen können

- Gesundheitskioske stellen eine Innovation im Gesundheitswesen dar
- Gesundheitskioske dienen der Gesundheitsförderung, Prävention und Versorgung
- Insbesondere Menschen, die mit Zugangsbarrieren zum Gesundheitssystem konfrontiert sind, sollen erreicht werden
- Die Ausgestaltung von Gesundheitskiosken sollte im Angebot und auch dem Betreibermodell auf den jeweiligen Standort und die dort zu erreichenden Menschen ausgestaltet sein
- Qualifizierte Fachkräfte sichern die Qualität des Angebots und seiner Weiterentwicklung

Weiterführende Literatur

Amelung, V. E., Eble, S., & Hildebrandt, H. (2011). *Innovatives Versorgungsmanagement: Neue Versorgungsformen auf dem Prüfstand* (B. M. Care Ed.). Medizinisch Wissenschaftliche Verlagsgesellschaft.

Fischer, A., Schulte, T., Brüwer, O., Lorenz, I., Werner, U., Horwege, B., . . . & Hildebrandt, H. (2015). *Entwicklungs- und Handlungskonzept für eine gesundheitsfördernde Stadtteilentwicklung in Billstedt und Horn, Endbericht.* http://experten.gesundheit-bh.de/wp-content/uploads/2017/07/Entwicklungs-und-Handlungskonzept-Billstedt-Horn.pdf. Zugegriffen: 07. März 2022.

Gesundheit für Billstedt/Horn. (2022). Ergebnisbericht Gesundheit für Billstedt/Horn. https://gesundheit-bh.de/wp-content/uploads/2021/11/GfBHUG_INVEST_GBA_Ergebnisbericht.pdf.

Hildebrandt, H., Knüttel, M., Münzel, M., & Werner, U. (2020). *Konzept zur Errichtung eines Gesundheitsbüros und des Gesundheitsnetzwerks „WATGesund" in Bochum-Wattenscheid.* https://www.medqn.de/wp-content/uploads/2021/01/Ergebnisbericht_Konzept-zur-Errichtung-eines-Gesundheitsbueros-in-Bochum-Wattenscheid.pdf. Zugegriffen: 07. März 2022.

Hildebrandt, H., & Stuppardt, R. (Hrsg.). (2021). *Zukunft Gesundheit- regional, vernetzt, patientenorientiert.* Medhochzwei Verlag GmbH.

Lange, J., & Hilbert, J. (2023). *Gesundheitskioske... und andere Wege zu einer niedrigschwelligen Gesundheitsversorgung und –beratung.* Loccumer Protokolle Band 91/2022, Rehburg-Loccum.

Printed in the United States
by Baker & Taylor Publisher Services